CONSEJERÍA CRISTIANA
Cuaderno de trabajo con ejercicios y cuestionarios
ESPECIALIDAD - E3

EAGLES INTERNATIONAL CHRISTIAN UNIVERSITY

ISMAEL MEJÍA SILVA

Copyright 2023 © Ismael Mejía
Todos los derechos reservados. Ninguna parte de esta publicación puede ser reproducida sin el permiso previo por escrito del autor.

Marco Mejía - Diseñador de portada | Editor | Diseño de interior.
ISBN: 9798860278158

ÍNDICE

PRÓLOGO 4

MÓDULO 1: CONSEJERIA BREVE CENTRADA EN SOLUCIONES 6
    TEMA 1: INTRODUCCIÓN A LA TBCS 7
    TEMA 2: DIEZ TÉCNICAS DE TERAPIA BREVE CENTRADA EN SOLUCIONES 11
    TEMA 2: LA ASIGNACIÓN DE TAREAS EN EL MINISTERIO DE ACONSEJAR 15

MÓDULO 2: PERFIL DEL CONSEJERO MATRIMONIAL 24
    TEMA 1: PERFIL DEL CONSEJERO MATRIMONIAL 25
    TEMA 2: EL ROL DEL ESPÍRITU SANTO EN LA CONSEJERÍA BÍBLICA 28
    TEMA 3: METAS DE LA CONSEJERÍA MATRIMONIAL 30
    TEMA 4: RENDICIÓN DE CUENTAS DEL CONSEJERO 32

MÓDULO 3: PSICODINAMIA DE LA PAREJA 36
    TEMA 1: LA BIBLIA Y EL SUBCONSCIENTE 37
    TEMA 2: LA TERAPIA DE LA PAREJA 40
    TEMA 3: ELECCIÓN DE LA PAREJA 43
    TEMA 4: LA PSICODINAMIA DE LA PAREJA 47
    TEMA 5: EJEMPLO DE APLICACIÓN 50

MÓDULO 4: CONSEJERÍA Y MENTOREO DE LA PAREJA 53
    TEMA 1: ¿POR QUÉ LA CONSEJERÍA ES IMPORTANTE? 54
    TEMA 2: CONCEPTOS DEL MATRIMONIO. ERRORES PRINCIPALES 57
    TEMA 3: PAUTAS PECAMINOSAS 60
    TEMA 4: EL PROCESO DE LA CONSEJERÍA 62

MÓDULO 5: LA RESISTENCIA AL CAMBIO EN LA PAREJA 66
    TEMA 1: LOS CONFLICTOS EN EL MATRIMONIO 67
    TEMA 2: RESISTENCIA AL CAMBIO EN LA PAREJA 70
    TEMA 3: ¿CÓMO SUPERAR LA RESISTENCIA AL CAMBIO? 73
    TEMA 4: RECURSOS PARA EL CAMBIO 79

MÓDULO 6: LA FAMILIA RECONSTRUIDA 82
    TEMA 1: DEFINICIÓN DE FAMILIA RECONSTRUIDA 83
    TEMA 2: CONTRASTE ENTRE LA FAMILIA CONVENCIONAL Y LA RECONSTITUIDA 85
    TEMA 3: FAMILIAS NACIDAS DE LA PÉRDIDA 87
    TEMA 4: SOLUCIONES PRÁCTICAS A LAS SITUACIONES MÁS TÍPICAS 91

MÓDULO 7: EL ACOMPAÑAMIENTO PASTORAL DE LA PAREJA 94
TEMA 1: LA IGLESIA, UNA COMUNIDAD DE SALUD Y CUIDADO 95
TEMA 2: EL ARTE DEL CONSEJO PASTORAL 97
TEMA 3: ACOMPAÑAMIENTO DE LA PAREJA 99

MÓDULO 8: PSICOPATOLOGÍA DE LA PAREJA, UN ACERCAMIENTO PASTORAL 105
TEMA 1: PSICOPATOLOGÍA EN LA PAREJA 106
TEMA 2: ESTRUCTURA Y RAZGO DE LA PERSONALIDAD 108
TEMA 3: UNA REFLEXIÓN BÍBLICA SOBRE LA SALUD MENTAL 115
TEMA 4: LAS PSICOPATOLOGÍAS EN LA IGLESIA 117
TEMA 5: EL DIOS DE LA SALUD 119

MÓDULO 9: LA FAMILIA FORMADORA DE LA PERSONALIDAD 121
TEMA 1: LA PERSONALIDAD, CONCEPTO Y DEFINICIÓN 122
TEMA 2: LA FAMILIA FORMADORA DE LA PERSONALIDAD 124
TEMA 3: LEGADO DE BENDICIÓN O MALDICIÓN A LOS NIÑOS 128
TEMA 4: LAS NECESIDADES DE LOS NIÑOS Y ADOLESCENTES 130

MÓDULO 10: INTERVENCIÓN EN CRISIS FAMILIARES 132
TEMA 1: LA CRISIS FAMILIA 133
TEMA 2: SOLUCIÓN DE PROBLEMAS FAMILIARES 135

PRÓLOGO

Estimado estudiante:

Es un honor acompañarte en esta etapa crucial de tu formación en la Especialidad en Intervención Terapéutica (E3) en Consejería Bíblica Familiar. Este cuaderno de tareas y ayudas ha sido meticulosamente creado para ser tu aliado fiel mientras revisas y refuerzas los conocimientos adquiridos a lo largo de los diez módulos que han compuesto tu camino. A lo largo de este programa, has explorado las profundidades de la intervención terapéutica y has adquirido habilidades especializadas para guiar y sanar a través de la consejería bíblica. Ahora, este cuaderno se convierte en tu herramienta para afianzar y aplicar esos conocimientos. Cada tarea, cada pregunta y cada ejercicio han sido diseñados con el propósito de ayudarte a revisar, reflexionar y aplicar tus habilidades de manera confiada y competente.

Este cuaderno es tu compañero para el repaso y la aplicación práctica. Cada página que completes es un paso hacia una comprensión más profunda y una mayor habilidad para aplicar tus conocimientos en situaciones reales. Aquí encontrarás un espacio donde tus conocimientos académicos convergen con la realidad de ser un consejero especializado en intervención terapéutica.

La consejería bíblica terapéutica es un camino de crecimiento constante y profundo. A medida que avances a través de este cuaderno, estarás construyendo un puente entre la teoría y la práctica, entre la formación y la acción. Cada tarea completada es un paso más hacia una consejería que tiene el potencial de cambiar vidas de manera significativa.

Tu llamado como consejero especializado es divino y relevante. Eres un agente de curación y transformación en las vidas de aquellos que atenderás. Al completar las tareas de este cuaderno, recuerda que estás equipándote para brindar apoyo y sanidad a través de la intervención terapéutica basada en principios bíblicos.

Cada tarea completada es una inversión en tu desarrollo profesional y personal. Cada reflexión que registres te lleva más cerca de comprender la complejidad de la consejería terapéutica y cómo puedes influir en la vida de otros de manera positiva. Este cuaderno es un testimonio palpable de tu compromiso y pasión por marcar una diferencia en la vida de las personas.

Al final de estas páginas, encontrarás pensamientos bíblicos que te recordarán la importancia de perseverar, crecer y mantener una conexión profunda con Dios en tu camino. Tu labor como consejero terapéutico tiene un propósito y un impacto eterno. Continúa tu preparación académica y espiritual, sabiendo que estás equipado para enfrentar desafíos y transformar vidas. Este cuaderno es tu herramienta para el crecimiento, la práctica y la aplicación. Cada tarea que realices es un paso hacia adelante en tu capacidad para guiar y sanar a través de la consejería bíblica terapéutica. Estamos emocionados por este último tramo de tu formación y estamos aquí para apoyarte en cada paso del camino.

Con gratitud y expectación

Ismael Mejía Silva
Director para Mexico de EICU

MÓDULO 1: CONSEJERIA BREVE CENTRADA EN SOLUCIONES

TEMA 1: INTRODUCCIÓN A LA TBCS

Cuestionario sobre Terapia Breve Centrada en Soluciones (TBCS).

1. ¿Cuál es uno de los pasos que un consejero puede ayudar a identificar para hacer realidad una meta en la TBCS?

    a) Explorar el pasado para entender los problemas actuales.

    b) Establecer metas a largo plazo.

    c) Presentarse a tres personas en una semana.

2. ¿En qué se diferencia la TBCS de la terapia tradicional?

    a) Los pacientes trabajan conjuntamente con el terapeuta en la TBCS.

    b) La terapia tradicional es más breve en comparación con la TBCS.

    c) La terapia tradicional se enfoca en el presente y propone soluciones para el futuro.

3. ¿Cuál de los siguientes beneficios se atribuyen a la TBCS?

    a) Exploración detallada del pasado para entender problemas actuales.

    b) Trabaja activamente hacia las soluciones y utiliza las fortalezas del paciente.

    c) Es más costosa y lenta que la terapia a largo plazo.

4. ¿Qué tipo de personas podrían beneficiarse de la TBCS?

    a) Personas con desafíos emocionales severos o complicados.

    b) Adultos que pueden trabajar con un terapeuta y establecer metas.

    c) Individuos que prefieren una terapia a largo plazo.

5. ¿Cuál es la duración promedio de la TBCS para obtener resultados positivos según las investigaciones?

    a) Meses o años.

    b) Tres a cinco sesiones.

    c) Una sesión.

6. ¿Cuál es una parte importante de la TBCS para ayudar al paciente a acercarse a su meta?

    a) Repetir lo que no ha funcionado en el pasado.

    b) Identificar lo que ha funcionado en el pasado y hacer más de ello.

    c) Enfocarse únicamente en los problemas presentes.

7. ¿Qué tipo de dificultades podrían necesitar el apoyo constante de una terapia a largo plazo en lugar de la TBCS?

    a) Desafíos emocionales severos o complicados.

    b) Personas adultas con metas claras.

    c) Problemas cotidianos que no requieren terapia.

Aportes finales:

- Se podría explorar cómo los principios de la TBCS pueden aplicarse en diferentes contextos, como el ámbito laboral, educativo o relaciones interpersonales.
- Investigar casos de éxito donde la TBCS haya tenido un impacto significativo en la vida de los pacientes, compartiendo testimonios y resultados concretos.
- Analizar las limitaciones de la TBCS y cuándo puede ser más apropiada la terapia tradicional o en combinación con otros enfoques terapéuticos.
- Realizar ejercicios prácticos para que los alumnos experimenten la aplicación de la TBCS en situaciones hipotéticas y reflexionen sobre sus resultados.
- Fomentar la investigación continua sobre la efectividad de la TBCS en diversos trastornos y poblaciones para seguir fortaleciendo su evidencia empírica.

Tarea: Elaboración de un Plan de Terapia Breve Centrada en Soluciones

Descripción de la tarea:

El alumno deberá diseñar un plan de terapia breve centrada en soluciones para un caso hipotético de un paciente que enfrenta un desafío emocional o problema en su vida. El plan debe incluir los siguientes elementos:

- Identificación del paciente y su situación: Descripción breve del paciente, sus desafíos y objetivos específicos que desea lograr mediante la terapia.
- Objetivos de la terapia: Establecer objetivos claros y alcanzables que el paciente quiere lograr al final de la terapia.
- Estrategias y pasos terapéuticos: Detallar las estrategias y pasos que el terapeuta utilizará para ayudar al paciente a acercarse a sus metas. Incluir técnicas específicas de la TBCS que se utilizarán.
- Uso de fortalezas y recursos: Identificar las fortalezas y recursos del paciente que serán aprovechados durante la terapia para alcanzar los objetivos.
- Duración y frecuencia de las sesiones: Establecer la duración y la frecuencia de las sesiones terapéuticas.
- Evaluación del progreso: Describir cómo se evaluará el progreso del paciente a lo largo de la terapia y cómo se realizarán ajustes en el plan si es necesario.

Rúbrica de evaluación:

La tarea se evaluará en base a los siguientes criterios:

- **Identificación del paciente y su situación (10 puntos):**
    - Se presenta una descripción clara y concisa del paciente y sus desafíos emocionales o problemas.
- Objetivos de la terapia (15 puntos):
    - Los objetivos están bien definidos, son realistas y se enfocan en soluciones específicas.
- **Estrategias y pasos terapéuticos (20 puntos):**
    - Se incluyen estrategias y pasos terapéuticos relevantes y aplicables a la TBCS.

- Las técnicas de la TBCS se explican correctamente y se vinculan con los objetivos establecidos.
- **Uso de fortalezas y recursos (15 puntos):**
  - Se identifican claramente las fortalezas y recursos del paciente que serán utilizados en la terapia.
- **Duración y frecuencia de las sesiones (10 puntos):**
  - Se establece una duración y frecuencia adecuadas para las sesiones terapéuticas.
- **Evaluación del progreso (15 puntos):**
  - Se explica de manera coherente cómo se evaluará el progreso del paciente durante la terapia.
- **Creatividad y originalidad (15 puntos):**
  - Se muestra creatividad y originalidad en el diseño del plan de terapia.

Total de puntos: 100

Observaciones adicionales:
- Se evaluará la claridad, coherencia y organización general del plan de terapia.
- Se valorará el uso adecuado de conceptos y principios aprendidos sobre la TBCS.
- Se evaluará la capacidad del alumno para aplicar el enfoque de soluciones en el diseño del plan.
- Se considerará la presentación visual y el uso de recursos adicionales para enriquecer el plan (gráficos, ejemplos, etc.).

Es importante recordar que la tarea tiene el propósito de permitir al alumno investigar, aplicar y reflexionar sobre los temas tratados en relación con la Terapia Breve Centrada en Soluciones.
- La evaluación se enfocará en la comprensión y la aplicación adecuada de los conceptos aprendidos, así como en la creatividad y originalidad del plan de terapia elaborado.

TEMA 2: DIEZ TÉCNICAS DE TERAPIA BREVE CENTRADA EN SOLUCIONES

Cuestionario sobre Técnicas de Terapia Breve Centrada en Soluciones.

1. ¿Cuál es el enfoque principal de la Terapia Breve Centrada en Soluciones?

a) Centrarse en los problemas y dificultades de cada persona.

b) Enfocarse en oportunidades y soluciones para resolver problemas.

c) Trabajar en el pasado para comprender los problemas actuales.

2. ¿Qué característica distingue a la Terapia Breve Centrada en Soluciones?

a) Buscar resultados a largo plazo con máxima eficacia.

b) Aumentar el bienestar emocional solo en profesionales de la salud.

c) Resolver problemas en el menor tiempo posible con eficacia.

3. ¿Para quién es útil la Terapia Breve Centrada en Soluciones?

a) Exclusivamente para profesionales de la salud.

b) Solo para personas que deseen aumentar su bienestar emocional.

c) Para profesionales de la salud y cualquier persona que quiera mejorar su bienestar emocional.

4. ¿En qué consiste la técnica de "Terapia de arte centrada en la solución"?

a) Escribir sobre experiencias negativas para liberar emociones.

b) Dibujar o escribir acerca de cosas positivas y habilidades propias.

c) Plasmar en un dibujo las dificultades y problemas personales.

5. ¿Qué estrategia se aplica en la "Tarea de fórmula de la primera sesión"?

a) Enfocarse únicamente en lo que se desea cambiar.

b) Resaltar lo que se quiere mantener y fortalecer en la vida.

c) Ignorar los aspectos positivos para enfocarse en los problemas.

6. ¿Qué se busca obtener mediante la "Tarea de predicción"?
   a) Información útil para trabajar en sesiones futuras.
   b) Cambiar la percepción negativa de la vida del paciente.
   c) Adivinar el futuro y evitar situaciones problemáticas.

7. ¿Cuál es el propósito de la técnica del "Post-it para uno mismo"?
   a) Identificar objetos útiles en el entorno y reducir la ansiedad.
   b) Practicar la escritura de mensajes positivos sobre sí mismo.
   c) Reforzar la comunicación asertiva en la pareja o familia.

Aportes finales:
- Realizar ejercicios prácticos en grupo para que los alumnos experimenten algunas de las técnicas de la Terapia Breve Centrada en Soluciones y compartan sus experiencias.
- Investigar estudios de casos y resultados de aplicaciones reales de estas técnicas en diversos contextos terapéuticos.
- Explorar cómo se pueden adaptar algunas de estas técnicas para su aplicación en otros campos, como el coaching, la educación o el ámbito laboral.
- Fomentar el debate sobre la eficacia y limitaciones de las técnicas de Terapia Breve Centrada en Soluciones en comparación con otros enfoques terapéuticos tradicionales.
- Invitar a profesionales de la salud con experiencia en Terapia Breve Centrada en Soluciones para que compartan sus conocimientos y enfoques prácticos con los alumnos.

CONSIDERACIONES Y PRECAUCIONES QUE EL CONSEJERO DEBE TENER PRESENTE AL APLICAR ESTAS TECNICAS

Al aplicar las técnicas de Terapia Breve Centrada en Soluciones, el consejero debe tener en cuenta las siguientes consideraciones y precauciones:

- **Evaluación adecuada:** Antes de aplicar cualquier técnica, es esencial realizar una evaluación completa del paciente para comprender sus necesidades, fortalezas, y desafíos específicos.
  - Esto permitirá adaptar las técnicas de manera individualizada.

- **Consentimiento informado:** Es importante obtener el consentimiento informado del paciente antes de aplicar cualquier técnica terapéutica.
  - El paciente debe estar informado sobre el propósito de la técnica y los posibles beneficios y riesgos involucrados.

- **Respeto a la autonomía:** El consejero debe respetar la autonomía del paciente y no imponer ninguna técnica si el paciente no se siente cómodo o no está dispuesto a participar.

- **Sensibilidad cultural:** Es fundamental considerar la diversidad cultural del paciente y adaptar las técnicas a sus creencias, valores y prácticas culturales.

- Contraindicaciones: Algunas técnicas pueden no ser adecuadas para ciertos pacientes o situaciones.
  - El consejero debe tener en cuenta las contraindicaciones, como traumas emocionales graves o problemas de salud mental que requieran un enfoque terapéutico diferente.

- **Supervisión y formación:** Si el consejero no tiene experiencia previa en la aplicación de ciertas técnicas, es recomendable buscar supervisión o formación adicional para garantizar su correcta implementación.

- **Cierre adecuado:** Es importante asegurarse de que las técnicas sean aplicadas en el contexto terapéutico adecuado y que se dé un cierre adecuado a cada sesión para evitar cualquier impacto negativo en el paciente.

- **Evaluación continua:** Durante el proceso terapéutico, el consejero debe evaluar regularmente el progreso del paciente y ajustar las técnicas según sea necesario.

- **Autoevaluación del consejero:** El consejero debe ser consciente de sus propios límites y fortalezas, y estar dispuesto a buscar apoyo o derivar al paciente a otro profesional si es necesario.

- **Confidencialidad:** Cualquier información o material generado durante la aplicación de las técnicas debe ser tratado con la debida confidencialidad y respeto a la privacidad del paciente.

> En resumen, al aplicar técnicas de Terapia Breve Centrada en Soluciones, el consejero debe ser consciente de la individualidad de cada paciente, respetar su autonomía y cultura, y estar preparado para adaptar las técnicas según las necesidades y características de cada caso. La ética y la responsabilidad profesional son fundamentales para brindar un enfoque terapéutico efectivo y seguro.

TEMA 2: LA ASIGNACIÓN DE TAREAS EN EL MINISTERIO DE ACONSEJAR

Cuestionario sobre "La Asignación de Tareas en el Ministerio de Aconsejar".

1. ¿Cuál es uno de los propósitos de las tareas en la fase de Bienvenida de la consejería?

a) Reforzar aspectos de enseñanza en la consejería.

b) Edificar una relación piadosa con el aconsejado y fortalecer su esperanza en Dios.

c) Proporcionar información detallada sobre el aconsejado y su situación.

2. ¿Qué preguntas debe hacerse el consejero bíblico en cada fase de la consejería?

a) ¿Cuál es la tarea más fácil de asignar al aconsejado?

b) ¿Qué tipo de tarea sería apropiada y útil en esta fase?

c) ¿Cómo puedo mejorar mi enfoque en las tareas asignadas?

3. ¿Cuál de las siguientes fases del proceso de consejería se enfoca en reunir información para tener un mayor conocimiento del aconsejado?

a) Bienvenida

b) Entendimiento

c) Confrontación y Consolación

4. ¿Qué se busca lograr con la recolección de información durante la fase de Entendimiento?

a) Que el aconsejado escriba una carta para expresar sus sentimientos.

b) Llevar al aconsejado a una mayor consciencia de sí mismo a la luz de la Palabra de Dios.

c) Ayudar al aconsejado a ver a Dios en su situación y abrazar sus promesas.

5. ¿Cómo se puede captar la atención del aconsejado durante la fase de Confrontación y Consolación?

a) Mediante palabras de represión duras y directas.

b) Creando un diálogo que permita que el aconsejado se vea reflejado en la Palabra de Dios.

c) Afirmándolo incondicionalmente para aumentar su autoestima.

6. ¿Cuál es uno de los propósitos del consuelo bíblico en la fase de Confrontación y Consolación?

a) Afirmar al aconsejado para aumentar su autoestima.

b) Reafirmar las promesas de Dios para que el aconsejado las aplique en su vida.

c) Tolerar y aceptar todo lo que el aconsejado hace sin cuestionar.

7. ¿Por qué es importante trabajar en una lista de "Vestirse/despojarse" durante la fase de Acción?

a) Para ayudar al aconsejado a planificar su vestimenta adecuadamente.

b) Para que el aconsejado tome responsabilidad de su autoexamen y planeación bíblica.

c) Para definir las responsabilidades del consejero en el proceso de consejería.

Aportes finales:

- El uso de tareas creativas y basadas en la Biblia puede ser una herramienta poderosa en el proceso de consejería para ayudar al aconsejado a crecer espiritualmente y encontrar esperanza en Dios.
- El consejero debe ser hábil en la confrontación y consolación bíblica, recordando que ambas son actos de amor y deben estar basadas en la verdad de la Palabra de Dios.
- La aplicación práctica de las verdades aprendidas es esencial para un cambio real en la vida del aconsejado. El consejero debe alentar y apoyar al aconsejado en su proceso de obediencia a la Palabra de Dios.
- La asignación de tareas debe ser una actividad colaborativa entre el consejero y el aconsejado, fomentando la responsabilidad personal y el crecimiento espiritual del último.
- La formación y preparación continua del consejero son fundamentales para aplicar adecuadamente estas técnicas y asegurar el bienestar del aconsejado.

- La ética y el respeto por la privacidad del aconsejado son esenciales en todo momento durante el proceso de consejería.

En general, la asignación de tareas en el ministerio de aconsejar es una herramienta valiosa para promover el crecimiento espiritual y emocional del aconsejado, siempre que se utilice con sabiduría y amor, basándose en principios bíblicos y con un enfoque en el cambio práctico y significativo en la vida del aconsejado.

Listado de Tareas para el Aconsejado con Elementos Bíblicos y de Fe:

- **Oración y Meditación en la Palabra:**
  - Leer un pasaje bíblico específico cada día y reflexionar sobre su significado.
  - Mantener un diario de oración, compartiendo pensamientos y emociones con Dios.
  - Buscar promesas bíblicas que sean relevantes para la situación y meditar en ellas.

- **Autoexamen Bíblico:**
  - Realizar un examen de conciencia a la luz de la Palabra de Dios, identificando áreas de necesidad de cambio.
  - Evaluar pensamientos, actitudes y acciones a la luz de los principios bíblicos.

- **Memorización de Versículos:**
  - Seleccionar versículos clave relacionados con la situación que se está enfrentando y memorizarlos.
  - Recordar estos versículos en momentos de dificultad para fortalecer la fe.

- **Servicio y Ayuda a Otros:**
  - Buscar oportunidades para servir y ayudar a otros como una forma de aplicar principios bíblicos de amor y compasión.
  - Participar en actividades de servicio en la iglesia o comunidad.

- **Devocionales y Lecturas Recomendadas:**
  - Leer libros o devocionales que aborden temas relevantes para el proceso de consejería.

- Recibir recomendaciones de lecturas por parte del consejero que fortalezcan la fe y brinden perspectivas bíblicas adicionales.

- **Culto y Comunión:**
  - Participar activamente en los servicios de adoración y comunión en la iglesia.
  - Buscar un grupo de apoyo o estudio bíblico para compartir experiencias y recibir aliento.

- **Confesión y Perdón:**
  - Reflexionar sobre las áreas de pecado y fallos, y confesarlos a Dios y a aquellos que puedan haber sido afectados.
  - Buscar el perdón divino y el perdón de otros según corresponda.

- **Acción y Plan de Cambio:**
  - Establecer un plan de acción basado en principios bíblicos para implementar cambios en la vida diaria.
  - Establecer metas específicas y alcanzables para el crecimiento espiritual y emocional.

- **Gratitud y Alabanza:**
  - Mantener una actitud de gratitud hacia Dios en todas las circunstancias.
  - Cultivar la práctica de alabar a Dios incluso en tiempos difíciles.

- **Ayuno y Oración Focalizada:**
  - Considerar un tiempo de ayuno para buscar dirección de Dios y fortalecer la conexión espiritual.
  - Orar de manera específica sobre asuntos particulares y esperar la guía de Dios.

Estas tareas son solo ejemplos y pueden variar según la situación y las necesidades del aconsejado.

- El consejero debe adaptarlas en función de la situación específica y la relación con el aconsejado.
- Es importante recordar que la base de todas estas tareas debe ser la Palabra de Dios y la fe en Él para promover un crecimiento espiritual genuino y significativo.

Ejemplo de una entrevista utilizando la terapia breve centrada en soluciones

Terapeuta: ¡Hola! Me alegra verte hoy. ¿En qué puedo ayudarte?
Cliente: Hola, es solo que me siento constantemente estresado en el trabajo. Tengo mucha presión y siento que no puedo manejarlo.

Terapeuta: Entiendo que estás experimentando estrés en el trabajo.
- Vamos a explorar juntos cómo podemos abordar esta situación.
- Permíteme hacerte algunas preguntas para tener una mejor comprensión.
- ¿Puedes hablarme sobre algún momento en el pasado en el que hayas sentido que manejabas bien el estrés laboral?

Cliente: Bueno, hubo un proyecto el mes pasado en el que tuve que tomar decisiones rápidas y trabajar bajo presión.
- Lo completé a tiempo y me sentí satisfecho con los resultados.

Terapeuta: Eso suena como un logro importante.
- ¿Qué hiciste específicamente durante ese proyecto que te ayudó a manejar el estrés?

Cliente: Creo que me enfoqué en dividir el trabajo en tareas más pequeñas y establecer metas realistas.

- También hablé con mi equipo para asegurarme de que todos estuviéramos en la misma página.

Terapeuta: Excelente, estás identificando estrategias que ya has utilizado con éxito.
- Ahora, imaginemos que es un mes en el futuro y has encontrado una manera de manejar el estrés actual.
- ¿Cómo te verías a ti mismo en ese momento?
- ¿Qué cambios positivos notarías?

Cliente: Me imagino sintiéndome más tranquilo en el trabajo.
- Estaré más organizado y seré capaz de lidiar con las demandas sin sentirme abrumado.

Terapeuta: Esa es una visión poderosa.
- Ahora, consideremos lo que estás haciendo actualmente para avanzar hacia esa visión.
- ¿Hay algún pequeño paso que puedas tomar esta semana para comenzar a implementar esas estrategias que ya conoces?

Cliente: Creo que podría empezar por hacer una lista de tareas y priorizarlas.
- También podría hablar con mi supervisor sobre cómo distribuir la carga de trabajo.

Terapeuta: Excelente plan. Recuerda que cada pequeño paso cuenta.
- La terapia breve centrada en soluciones se trata de construir sobre tus fortalezas y recursos.
- Vamos a seguir trabajando juntos para alcanzar esa visión que has descrito.

Esta sesión ilustra cómo la terapia breve centrada en soluciones se enfoca en identificar soluciones y fortalezas, en lugar de centrarse en los problemas.

El terapeuta guía al cliente a través de preguntas reflexivas para ayudarlo a encontrar sus propias respuestas y diseñar un plan de acción concreto.

Un resumen de los pasos que se siguen en la terapia breve centrada en soluciones, basados en el ejemplo anterior:

Paso 1: Establecimiento del Tema
El terapeuta comienza la sesión alentando al cliente a compartir su preocupación principal.
- En este caso, el cliente menciona sentirse constantemente estresado en el trabajo.

Paso 2: Exploración de Experiencias Positivas Pasadas
El terapeuta guía al cliente para que recuerde momentos en el pasado en los que haya manejado exitosamente el estrés laboral.

- Esto ayuda a identificar recursos y fortalezas que el cliente ya posee.

Paso 3: Identificación de Estrategias Exitosas

El cliente reflexiona sobre las acciones que tomó en el pasado para manejar el estrés y menciona la división de tareas, establecimiento de metas realistas y comunicación con su equipo.

Paso 4: Construcción de una Visión Positiva Futura

El terapeuta ayuda al cliente a imaginar cómo se vería y se sentiría si estuviera manejando el estrés de manera efectiva en el futuro.
- Esto crea una visión positiva a la que el cliente puede aspirar.

Paso 5: Definición de Pequeños Pasos

El cliente identifica pasos concretos que puede tomar para avanzar hacia su visión positiva.
- En este caso, el cliente decide hacer una lista de tareas y hablar con su supervisor sobre la carga de trabajo.

Paso 6: Reforzamiento del Cambio

El terapeuta destaca la importancia de cada pequeño paso y alienta al cliente a seguir adelante con su plan de acción.
- El enfoque está en reforzar el progreso y el cambio positivo.

Paso 7: Continuación del Proceso

El terapeuta y el cliente trabajan juntos para seguir ajustando y desarrollando las estrategias implementadas.
- El terapeuta sigue haciendo preguntas reflexivas para apoyar al cliente en su camino hacia soluciones efectivas.

La terapia breve centrada en soluciones se basa en la colaboración entre el terapeuta y el cliente para encontrar soluciones prácticas y construir sobre las fortalezas del cliente.
- En lugar de analizar el problema en detalle, el enfoque se centra en identificar lo que está funcionando y cómo se puede ampliar para mejorar la calidad de vida del cliente.

Un modelo adaptado de la terapia breve centrada en soluciones aplicado a la consejería bíblica, con referencias bíblicas relevantes:

Paso 1: Establecimiento del Tema y Oración Inicial

Comienza la sesión con una oración pidiendo la guía de Dios para la consejería.

- Invita al cliente a compartir su preocupación o desafío, basado en Mateo 11:28: "Venid a mí todos los que estáis trabajados y cargados, y yo os haré descansar."

Paso 2: Exploración de Experiencias Positivas Pasadas y Gracias

Invita al cliente a reflexionar sobre momentos en su vida en los que haya experimentado el apoyo y la providencia de Dios, como en el caso de David enfrentando a Goliat (1 Samuel 17).

- Esto ayuda a establecer una base sólida de las bendiciones pasadas y la fidelidad de Dios.

Paso 3: Identificación de Estrategias Basadas en la Palabra de Dios

Explora con el cliente las Escrituras que ofrecen pautas y estrategias para enfrentar desafíos.

- Por ejemplo, en Filipenses 4:6-7, se anima a *"no estar afanosos por nada, sino en todo, mediante oración y súplica con acción de gracias, sean conocidas vuestras peticiones ante Dios."*
- Ayuda al cliente a identificar cómo estas enseñanzas pueden aplicarse a su situación.

Paso 4: Construcción de una Visión Positiva Futura en Dios

Anima al cliente a imaginar cómo se sentiría y se vería si confiara plenamente en Dios y aplicara sus principios a su vida.

- Basado en Jeremías 29:11, donde Dios dice: *"Porque yo sé los pensamientos que tengo acerca de vosotros, dice Jehová, pensamientos de paz, y no de mal, para daros el fin que esperáis."*

Paso 5: Definición de Pasos Prácticos Basados en la Palabra

Guiado por pasajes bíblicos relevantes, como Proverbios 3:5-6 (*"Confía en Jehová con todo tu corazón, y no te apoyes en tu propia prudencia"*), el cliente establece acciones concretas que pueden tomar en su vida para aplicar los principios bíblicos.

Paso 6: Reforzamiento Espiritual y Compromiso

Refuerza la importancia de confiar en Dios y la importancia de mantener una conexión constante a través de la oración y la lectura de la Biblia.

- Animando al cliente a confiar en que Dios está a su lado en todo momento, basado en Isaías 41:10: *"No temas, porque yo estoy contigo; no desmayes, porque yo soy tu Dios que te esfuerzo."*

Paso 7: Seguimiento y Apoyo Continuo

Comprométete a seguir apoyando al cliente en su camino y a celebrar sus logros y avances.

- Basado en 1 Tesalonicenses 5:11: *"Por lo cual, animaos unos a otros, y edificaos unos a otros, así como lo hacéis."*

Este modelo combina la sabiduría bíblica con los principios de la terapia breve centrada en soluciones para brindar orientación y apoyo a las personas desde una perspectiva espiritual.

- Recuerda que cada individuo es único, por lo que es importante adaptar este enfoque según las necesidades y creencias del cliente.

MÓDULO 2:
PERFIL DEL CONSEJERO MATRIMONIAL

TEMA 1: PERFIL DEL CONSEJERO MATRIMONIAL

Cuestionario sobre el perfil del consejero matrimonial:

1. ¿En qué se diferencia un consejero matrimonial de un terapeuta de pareja?

a) El consejero matrimonial se enfoca en el pasado de la pareja, mientras que el terapeuta de pareja se centra en el presente.

b) El consejero matrimonial trabaja sobre la actualidad de la pareja y no hace referencia a sus historias personales.

c) El consejero matrimonial solo se enfoca en las crisis de la pareja y no en otros aspectos de la relación.

2. ¿Cuál es el objetivo principal de los consejeros matrimoniales?

a) Resolver los problemas de la pareja en sesiones semanales.

b) Establecer un "plan de acción" para la pareja y lograr que alcancen sus metas.

c) Eliminar los celos y recuperar el amor y la pasión en la relación.

3. ¿Qué diferencia hay entre la terapia de pareja y la consejería matrimonial?

a) La terapia de pareja es realizada por un terapeuta matrimonial, mientras que la consejería matrimonial es realizada por un asesor matrimonial.

b) Ambos procesos son iguales, solo cambia el tipo de profesional que los realiza.

c) La terapia de pareja se enfoca en la relación como un todo, mientras que la consejería matrimonial se centra en problemas individuales de la pareja.

4. ¿Cuáles son algunos de los signos que podrían indicar que es necesario acudir a un consejero matrimonial?

a) Tener dificultades económicas y problemas de comunicación.

b) Falta de interés, desesperanza, pérdida de confianza y problemas en la vida sexual.

c) Discusiones constantes y tener diferentes intereses en cuanto a valores y creencias religiosas.

5. ¿Qué se debe hacer antes de decidir acudir a la consejería matrimonial?

a) Hablar con amigos y familiares para obtener consejos.

b) Analizar la relación y abordar los problemas de comunicación entre la pareja.

c) Tomar la decisión unilateralmente sin consultar a la pareja.

6. ¿Cuál es el propósito de elaborar un "plan de acción" en la consejería matrimonial?

a) Establecer reglas y restricciones para la pareja.

b) Ayudar a la pareja a comprender y enfrentar sus errores.

c) Decidir si continuar o terminar la relación sin importar la opinión de la pareja.

7. ¿Cuándo se debe buscar consejería matrimonial de forma mutua?

a) Cuando ambos miembros de la pareja sienten desesperanza y falta de interés.

b) Cuando uno de los miembros ha sido infiel y necesita ayuda para afrontar la crisis.

c) Cuando ambos miembros desean salvar la relación y están dispuestos a trabajar en ello juntos.

Aportes finales para el enriquecimiento del tema:

- Es esencial entender que la consejería matrimonial es una herramienta valiosa para fortalecer la relación, pero también puede ser efectiva para prevenir problemas futuros.
- Además de los signos mencionados, es importante estar atento a señales de abuso emocional o físico, ya que estas situaciones requieren intervención y apoyo profesional inmediato.
- La comunicación abierta y sincera entre los miembros de la pareja es fundamental para el éxito de la consejería matrimonial y el fortalecimiento de la relación.
- La consejería matrimonial puede beneficiarse al abordar tanto los problemas actuales de la pareja como las experiencias pasadas que puedan estar afectando la relación.
- Es fundamental que la pareja tenga la disposición y el compromiso mutuo de participar activamente en el proceso de consejería y trabajar juntos para mejorar la relación.

- La consejería matrimonial también puede ofrecer técnicas y herramientas para mejorar la comunicación, la resolución de conflictos y la construcción de una relación saludable y satisfactoria.

Recuerda que la consejería matrimonial puede ser una experiencia positiva y enriquecedora, siempre que haya un esfuerzo conjunto por parte de la pareja y una apertura para crecer y aprender juntos.

TEMA 2: EL ROL DEL ESPÍRITU SANTO EN LA CONSEJERÍA BÍBLICA

Cuestionario sobre el rol del Espíritu Santo en la consejería bíblica.

1. **¿Qué papel desempeña el Espíritu Santo en la consejería bíblica?**

    a) Observador pasivo.

    b) Consejero Divino.

    c) Intermediario.

2. **¿Cuál es el objetivo de la consejería bíblica en relación con el Espíritu Santo?**

    a) Enseñar habilidades terapéuticas.

    b) Ayudar a los creyentes a vivir vidas que agraden a Dios.

    c) Promover la autoridad del consejero sobre el aconsejado.

3. **¿Por qué es importante la capacitación del Espíritu Santo en el consejero?**

    a) Para adquirir habilidades de liderazgo.

    b) Para reconocer, desarrollar y utilizar dones para servir a Dios.

    c) Para obtener poder sobre el aconsejado.

4. **¿Qué función cumple el Espíritu Santo en la comprensión de la Biblia por parte del consejero?**

    a) Proporciona conocimientos de psicología.

    b) Ilumina y enseña cómo aplicar la Palabra de Dios en la consejería.

    c) Sustituye la necesidad de estudiar la Biblia.

5. **¿Cómo fortalece el Espíritu Santo al consejero en su labor?**

    a) Dándole el conocimiento psicológico necesario.

    b) Proveyendo fuerza y valentía para enfrentar situaciones difíciles.

    c) Haciendo que el consejero sea más persuasivo.

6. ¿Cuál es la relación entre la oración y la consejería bíblica?

   a) La oración es innecesaria en el proceso de consejería.

   b) La oración es útil solo para el aconsejado.

   c) La oración es esencial para buscar la guía de Dios en la consejería.

7. ¿Qué implicaciones tiene el uso de la Palabra de Dios en la consejería bíblica?

   a) La Biblia no tiene relevancia en el proceso de consejería.

   b) La Palabra de Dios es la única autoridad para aconsejar a las personas.

   c) La Biblia puede ser ignorada si el consejero considera que no es relevante.

Aportes finales:

- Resaltar la importancia de la dependencia en el Espíritu Santo en el proceso de consejería bíblica, reconociendo que sin su guía y fortaleza, el consejero no puede lograr cambios profundos en las vidas de las personas.

- Fomentar la necesidad de un estudio profundo y constante de la Palabra de Dios por parte de los consejeros, para que puedan ofrecer consejos sólidos y basados en la verdad bíblica.

- Enfatizar que la consejería bíblica no busca simplemente resolver problemas superficiales, sino que apunta a la santificación y el crecimiento espiritual del aconsejado, para que pueda vivir una vida que agrade a Dios.

- Animar a los consejeros y aconsejados a cultivar una vida de oración constante, buscando la dirección del Espíritu Santo en todas las áreas de su vida, incluyendo la consejería.

- Recordar que la consejería bíblica es un ministerio poderoso y hermoso que Dios ha dado a su iglesia para el bienestar espiritual y emocional de sus miembros, y para la gloria de su nombre.

TEMA 3: METAS DE LA CONSEJERÍA MATRIMONIAL

Cuestionario sobre "Metas de la consejería matrimonial"

1. ¿Cuáles son las metas comunes de la consejería matrimonial?

   a) Superar problemas financieros y laborales.

   b) Fortalecer la comunicación diaria y dinámica en la relación.

   c) Conseguir la ayuda necesaria para seguir adelante.

2. ¿Por qué algunas parejas pierden la comunicación en el matrimonio?

   a) Porque no se aman lo suficiente.

   b) Debido al estrés y las responsabilidades cotidianas.

   c) Porque no están destinados a estar juntos.

3. ¿Cuál es una meta importante en la terapia de pareja?

   a) Tener hijos y formar una familia.

   b) Aprender a comunicarse con eficacia diariamente.

   c) Mantener el matrimonio sin cambios.

4. ¿Por qué algunas parejas entran en terreno inestable después de desacuerdos?

   a) Porque están destinados a separarse.

   b) Porque tienen opiniones diferentes y no saben cómo expresarlas.

   c) Porque no tienen problemas en su relación.

5. ¿Qué puede ser la raíz de los problemas de una pareja casada?

   a) Problemas financieros.

   b) Problemas del pasado como miedo al abandono o infidelidad.

   c) Falta de comunicación diaria.

6. ¿Cuál es una de las metas del consejero matrimonial?

a) Enseñar a las parejas a ser independientes.

b) Identificar malos hábitos y patrones y ayudar a cambiarlos.

c) Decidir si la pareja debe separarse o seguir junta.

7. ¿Qué implica la construcción o reconstrucción de la confianza en una relación?

a) Cumplir promesas pequeñas.

b) Dejar de comunicarse con la pareja.

c) Ignorar las necesidades del otro.

Aportes finales:

- La consejería matrimonial es una herramienta valiosa para fortalecer las relaciones de pareja y enfrentar desafíos.
- Es importante reconocer que todas las parejas enfrentan dificultades y que buscar ayuda no es una señal de debilidad, sino de madurez y compromiso con la relación.
- La comunicación efectiva y el respeto mutuo son fundamentales para un matrimonio saludable.
- El trabajo en equipo y el apoyo mutuo son clave para superar problemas y construir una relación duradera.
- La confianza es un elemento esencial en cualquier relación, y reconstruirla puede llevar tiempo y esfuerzo, pero es posible con el compromiso adecuado.
- La consejería matrimonial puede ofrecer un ambiente seguro y guiado para explorar temas profundos y resolver conflictos.
- Cada pareja es única, y el enfoque de la consejería debe adaptarse a las necesidades específicas de cada matrimonio.
- Mantener una actitud abierta y receptiva a los consejos del consejero puede ser clave para el éxito de la terapia.
- La consejería matrimonial puede ser una oportunidad para el crecimiento personal y el fortalecimiento de la relación conyugal.

TEMA 4: RENDICIÓN DE CUENTAS DEL CONSEJERO

Cuestionario sobre "Rendición de Cuentas del consejero (a) matrimonial"

1. ¿Según la Biblia, qué es la rendición de cuentas?

   a) Un principio bíblico relacionado con el discipulado.

   b) Un proceso de control sobre la privacidad de las personas.

   c) Un mandamiento para evitar la corrupción en la sociedad.

2. ¿Cuál es el ejemplo de rendición de cuentas que nos muestra Jesús?

   a) Jesús rindió cuentas ante los fariseos.

   b) Jesús informó al Padre sobre su trabajo y resultados.

   c) Jesús no fue responsable con su misión en la Tierra.

3. ¿Qué hizo el apóstol Pablo después de su primer viaje misionero?

   a) Se fue a otro lugar sin rendir cuentas a nadie.

   b) Informó todo lo que Dios había hecho a través de él a la iglesia que lo envió.

   c) Ignoró los resultados de su trabajo y no se preocupó por las consecuencias.

4. ¿Cuál es la importancia de rendir cuentas?

   a) Evitar el control de las autoridades sobre nuestra vida.

   b) Ser responsable ante Dios y los demás por nuestros pensamientos y acciones.

   c) Cumplir con una ley de la sociedad para evitar sanciones.

5. ¿Qué significa rendir cuentas en el contexto de la Biblia?

   a) Ser sujeto a la obligación de reportar y explicar nuestras acciones.

   b) Ser autosuficiente y no depender de otros en el cuerpo de Cristo.

   c) Vivir sin responsabilidades hacia los demás en la comunidad cristiana.

6. ¿Cuál es el propósito de rendir cuentas en una relación de consejería matrimonial?

a) Juzgar y condenar a la pareja por sus acciones.

b) Proteger la integridad y ayudar a crecer espiritualmente.

c) Evitar que las parejas se involucren en sus problemas.

7. ¿Por qué es valiosa la rendición de cuentas en la vida cristiana?

a) Nos ayuda a ver los pecados y desvíos que no notamos por nosotros mismos.

b) Nos libera de la necesidad de corregir nuestras acciones.

c) Nos permite mantener una buena reputación ante los demás.

Aportes finales:

- La rendición de cuentas es esencial en la vida cristiana para crecer espiritualmente y evitar caer en el pecado.
- Tener personas de confianza a quienes rendir cuentas puede proteger y fortalecer tanto a los líderes como a los miembros en una comunidad cristiana.
- La honestidad y la humildad son fundamentales para recibir y dar rendición de cuentas de manera efectiva.
- La rendición de cuentas debe enfocarse no solo en corregir problemas, sino también en apoyar, animar y edificar a los demás en su crecimiento espiritual.
- Es necesario crear una cultura de rendición de cuentas en la iglesia y en el matrimonio para fomentar relaciones saludables y el cumplimiento de la voluntad de Dios.

TAREA:

"Desarrollo de un Plan de Rendición de Cuentas en el Matrimonio"

Descripción:

El alumno deberá desarrollar un plan detallado de rendición de cuentas para aplicar en su propio matrimonio o en una relación de pareja simulada.

- El objetivo es reflexionar sobre la importancia de la rendición de cuentas en una relación y diseñar estrategias efectivas para fomentar la transparencia, la responsabilidad y el crecimiento mutuo en el vínculo matrimonial.

Pasos a seguir:

- **Investigación:**
  - El alumno deberá investigar en fuentes confiables y bibliográficas los conceptos de rendición de cuentas en el contexto del matrimonio y los beneficios que aporta en las relaciones de pareja.
  - Puede consultar libros, artículos académicos y páginas web especializadas.

- **Reflexión:**
  - El alumno deberá reflexionar sobre su propia relación (o la relación simulada) y analizar áreas de mejora en la comunicación, la confianza y el crecimiento mutuo.
  - Deberá identificar desafíos y obstáculos que puedan afectar la implementación del plan de rendición de cuentas.

- **Diseño del Plan:**
  - Con base en la investigación y la reflexión, el alumno deberá diseñar un plan detallado de rendición de cuentas que incluya los siguientes elementos:

    a) Objetivos del plan: Explicar claramente los objetivos que se buscan alcanzar con la implementación del plan.

    b) Estrategias y actividades: Describir las estrategias y actividades concretas que se utilizarán para fomentar la rendición de cuentas en la relación.

    c) Frecuencia y metodología: Establecer la frecuencia y la forma en que se llevarán a cabo las sesiones de rendición de cuentas.

    d) Roles y responsabilidades: Definir los roles de cada miembro de la pareja en el proceso de rendición de cuentas y sus responsabilidades específicas.

    e) Mecanismos de evaluación: Diseñar mecanismos para evaluar la efectividad del plan y realizar ajustes si es necesario.

- **Aplicación:**
  - El alumno deberá implementar el plan de rendición de cuentas en su relación de pareja (o en la relación simulada) durante un período de tiempo acordado.

Rubrica de evaluación:
Criterios de Evaluación Puntuación
- Investigación 20 puntos
- Reflexión 15 puntos
- Diseño del Plan 30 puntos
- Aplicación 25 puntos
- Total 90 puntos

Niveles de desempeño:
- **Sobresaliente (81-90 puntos):** El alumno demuestra una investigación sólida, una reflexión profunda, un plan bien estructurado y una aplicación efectiva del plan de rendición de cuentas en la relación.
- **Adecuado (61-80 puntos):** El alumno presenta una investigación aceptable, una reflexión adecuada, un plan con algunas áreas de mejora y una aplicación razonable del plan en la relación.
- **Insuficiente (0-60 puntos):** El alumno muestra una investigación insuficiente, poca reflexión, un plan poco claro y una aplicación deficiente del plan en la relación.

MÓDULO 3: PSICODINAMIA DE LA PAREJA

TEMA 1: LA BIBLIA Y EL SUBCONSCIENTE

Cuestionario sobre "La Biblia y el Subconsciente"

1. ¿Qué términos menciona la Biblia que se relacionan con la mente subconsciente?

    a) Consciencia y subconsciencia

    b) Mente, espíritu, alma, corazón y cuerpo

    c) Subliminal y consciente

2. Según la Biblia, ¿qué proviene del corazón y afecta la vida de una persona?

    a) La sabiduría y el entendimiento

    b) Los buenos pensamientos y emociones

    c) Tanto lo bueno como lo malo, incluyendo malos pensamientos y acciones

3. ¿Qué profeta de la Biblia compara el corazón con las aguas profundas y dice que es engañoso?

    a) Isaías

    b) Jeremías

    c) Ezequiel

4. ¿Qué se puede lograr si se cambia la manera de pensar según la Biblia?

    a) Una vida llena de placer y riqueza

    b) Un conocimiento profundo de la ciencia y la psicología

    c) Una transformación interior y el conocimiento de la voluntad de Dios

5. ¿Qué significa la palabra "alma" en la Biblia?

    a) El pensamiento y la mente

    b) El verdadero YO y la vida interior de la persona

    c) La base de las creencias limitantes y emociones

6. Según la Biblia, ¿cómo se puede alimentar el corazón-alma para vivir una vida plena?

a) A través de la alimentación física y ejercicio

b) Estudiando la Biblia, manteniendo pensamientos positivos y rodeándose de personas valiosas

c) Practicando la meditación y la introspección

7. ¿Cuál es el principal mandamiento según la Biblia que se relaciona con el corazón, alma y mente?

a) Ama a tus semejantes como a ti mismo

b) Amarás al Señor tu Dios con todo tu corazón, alma y mente

c) Cumplir con los mandamientos religiosos y rituales

Aportes finales:

- Es importante notar cómo la Biblia, a pesar de haber sido escrita hace mucho tiempo, contiene conceptos y principios que se relacionan con la mente subconsciente y su influencia en nuestras vidas.
  - La comprensión de la mente subconsciente puede enriquecer nuestra interpretación de los textos bíblicos y cómo aplicarlos en la vida cotidiana.
- La idea de renovar la mente y cambiar la manera de pensar para una vida más plena y de acuerdo con la voluntad de Dios es un principio relevante tanto para el contexto bíblico como para el crecimiento personal en la actualidad.
- La relación entre el corazón y el alma como centro de nuestras emociones, pensamientos y voluntad también puede llevar a una reflexión profunda sobre cómo manejamos nuestras emociones y decisiones en la vida diaria.
- El papel de la Palabra de Dios como instrumento para el cambio y la renovación interna resalta la importancia de estudiar y meditar en las Escrituras como una guía para el desarrollo espiritual y emocional.
- La referencia a la importancia de rodearse de personas que den valor a la vida nos recuerda la influencia significativa que pueden tener nuestras relaciones en nuestro bienestar emocional y espiritual.

- El énfasis en cerrar nuestro corazón a lo negativo y abrirlo a lo bueno y verdadero enfatiza la importancia del enfoque positivo y la autodisciplina en nuestras vidas para mantener una mente sana y equilibrada.

TEMA 2: LA TERAPIA DE LA PAREJA

Cuestionario sobre "La Terapia de Pareja".

1. ¿Qué es la terapia de pareja y en qué consiste?

a) Es un tratamiento individual para mejorar la autoestima.

b) Es un proceso en el que una pareja recibe asesoramiento profesional para resolver conflictos y mejorar la relación.

c) Es una terapia grupal en la que varias parejas comparten sus experiencias.

2. ¿Cuándo se recomienda acudir a una terapia de pareja?

a) Cuando hay problemas económicos en la pareja.

b) Cuando la relación se deteriora y parece no tener solución.

c) Cuando se quiere planificar un futuro en común.

3. ¿Cuál es el principal problema frecuente en las parejas que buscan terapia?

a) La falta de tiempo para dedicarse el uno al otro.

b) La falta de aceptación de las peculiaridades del otro.

c) Los problemas laborales y el estrés.

4. ¿Qué sucede si uno de los miembros de la pareja no colabora en la terapia?

a) La terapia se cancela y se busca otro enfoque para resolver los problemas.

b) La terapia continúa, pero la eficacia se ve reducida.

c) La terapia se concentra únicamente en el miembro que colabora.

5. ¿Cuántas sesiones suelen ser necesarias para la terapia de pareja?

a) Generalmente, se requieren muchas sesiones a lo largo de varios años.

b) La duración depende del problema, puede variar de unas pocas sesiones a una terapia más profunda.

c) La terapia se lleva a cabo en una sola sesión intensiva.

6. ¿Qué tipo de cambios se busca en la terapia de pareja?

a) Cambios en la apariencia física de cada miembro.

b) Cambios de comportamiento y mejoras en la forma de comunicarse y resolver conflictos.

c) Cambios en la ubicación geográfica de la pareja.

7. ¿Cuál es la efectividad de la terapia de pareja, según los datos?

a) Cerca del 100% de las parejas informan una mejora en su satisfacción matrimonial.

b) Alrededor del 75% de las parejas informan de una mejora en la satisfacción matrimonial.

c) La terapia de pareja no ha demostrado ser efectiva en ningún caso.

Aportes finales:

- La terapia de pareja es una herramienta valiosa para abordar los conflictos y problemas que surgen en una relación.
    - Es importante reconocer que buscar ayuda profesional no es un signo de debilidad, sino un acto de amor y compromiso hacia la relación.
- La comunicación efectiva es clave en una relación de pareja.
    - Aprender a expresar los sentimientos y pensamientos de manera constructiva y respetuosa puede evitar discusiones destructivas y ayudar a encontrar soluciones.
- Es importante que ambos miembros de la pareja estén dispuestos a colaborar y hacer cambios en su comportamiento para que la terapia sea efectiva.
    - La terapia de pareja es un trabajo conjunto.
- La terapia de pareja puede ser efectiva en la mayoría de los casos, pero es fundamental acudir a ella cuando los problemas aún son abordables y no esperar hasta que la situación esté muy deteriorada.
- Además de la terapia de pareja, también es relevante trabajar en el crecimiento personal de cada individuo.
    - Conocerse a uno mismo y aprender a gestionar las emociones también contribuye a una relación saludable.
- La terapia de pareja no solo se trata de hablar de los problemas, sino también de implementar cambios prácticos en la vida diaria.

- Aprender nuevas habilidades de comunicación y resolver conflictos puede fortalecer la relación a largo plazo.
- La efectividad de la terapia de pareja depende del compromiso y la voluntad de ambos miembros de la pareja.
  - Aquellas parejas que están verdaderamente comprometidas con el proceso y trabajan juntas tienen mayores posibilidades de experimentar mejoras significativas en su relación.

TEMA 3: ELECCIÓN DE LA PAREJA

Cuestionario sobre "Elección de la Pareja".

1. ¿Qué dice la cita bíblica respecto a la elección de pareja?

    a) La elección de pareja es una decisión consciente basada en la razón y el análisis.

    b) La elección de pareja es una decisión inconsciente y poco racional.

    c) La elección de pareja debe basarse en la compatibilidad de valores y objetivos.

2. ¿Cuáles son algunas de las necesidades que nos predisponen al enamoramiento?

    a) Necesidad de compañía, estabilidad emocional y gratificación sexual.

    b) Necesidad de independencia, seguridad financiera y reconocimiento social.

    c) Necesidad de aventura, emoción y cambio constante.

3. ¿Cuáles son las técnicas básicas que usamos para construir la imagen del otro al conocerlo por primera vez?

    a) Proyección, identificación, asociación y estereotipos culturales.

    b) Observación, comunicación verbal, análisis psicológico y evaluación física.

    c) Investigación en redes sociales, preguntas directas y análisis de su entorno.

4. ¿Qué es el enamoramiento o amor romántico?

    a) Es la etapa en la que se construye la imagen idealizada del otro.

    b) Es una fase en la que se valora el pasado y se establece una conexión profunda.

    c) Es la etapa del amor maduro y la compañía establecida entre dos individuos.

5. ¿Cómo se caracteriza el amor maduro o amor de compañía?

    a) Se basa en la fantasía y la proyección de atributos ideales en el otro.

    b) Establece un equilibrio entre la autonomía y la fusión, con capacidad para sortear las crisis.

    c) Es la fase del amor en la que el enamoramiento termina y se construye el amor real.

6. ¿Qué es el desamor y cómo se diferencia del antiamor?

a) El desamor es la ausencia de amor y el antiamor es la incapacidad de amar.

b) El desamor es el inicio de la ruptura y el antiamor es la negación del mundo emocional.

c) El desamor y el antiamor son términos similares y se refieren a lo mismo.

7. ¿Por qué es importante conocer nuestras propias necesidades y patrones de relación al elegir pareja?

a) Para establecer una lista de requisitos que debe cumplir nuestra pareja ideal.

b) Para proyectar nuestras carencias y expectativas en el otro y esperar que nos satisfaga.

c) Para identificar posibles patrones disfuncionales y tener relaciones más saludables.

Aportes finales:

- La elección de pareja es un proceso complejo que involucra aspectos conscientes e inconscientes.
  - Conocer nuestros propios patrones de relación y necesidades puede ayudarnos a tomar decisiones más informadas y conscientes en este ámbito.
- El enamoramiento es una etapa intensa y apasionada, pero con el tiempo, las ilusiones iniciales pueden desvanecerse.
  - Es importante comprender que el amor maduro se construye con el tiempo, el esfuerzo y la adaptación a los cambios que surgen en la relación.
- Reconocer que el desamor no necesariamente implica falta de capacidad para amar, sino que puede ser una etapa normal en la evolución de una relación, puede ayudarnos a manejar de manera más saludable las dificultades en pareja.
- La elección de pareja no debe basarse únicamente en la idealización del otro, sino también en la compatibilidad de valores, objetivos y la capacidad de enfrentar juntos los desafíos de la vida.
- La autonomía y la independencia son fundamentales en una relación madura, donde cada miembro se apoya mutuamente y se permite crecer individualmente.
- Cada individuo tiene su propio pasado y experiencias que influyen en sus relaciones.
  - Tomar conciencia de estas influencias puede ayudarnos a evitar patrones disfuncionales y construir vínculos más saludables.
- El amor es un proceso continuo que requiere cuidado, comunicación y compromiso.

- Aprender a amar de manera consciente y afectuosa puede enriquecer nuestra vida en pareja y generar una conexión profunda y significativa.

TAREA:
"Análisis Comparativo de Tipos de Relaciones de Pareja"

Descripción de la tarea:

El alumno realizará un análisis comparativo de los temas tratados en el contenido sobre "La Terapia de Pareja" y "Elección de la Pareja".

- Deberá investigar y reflexionar sobre ambos temas, identificando similitudes, diferencias y relaciones entre ellos.
- Luego, aplicará sus conocimientos en un escenario hipotético donde deberá asesorar a una pareja que está experimentando dificultades en su relación y ofrecer recomendaciones basadas en los principios y conceptos aprendidos.

Pasos para realizar la tarea:

- **Investigación:** El alumno debe investigar los temas "La Terapia de Pareja" y "Elección de la Pareja", profundizando en sus conceptos y principios fundamentales.
  - Debe recopilar información de fuentes confiables, como libros, artículos académicos y páginas web de instituciones especializadas en psicología y relaciones de pareja.

- **Análisis comparativo:** Después de la investigación, el alumno realizará un análisis comparativo entre los dos temas.
  - Debe identificar y resaltar las similitudes y diferencias en la forma en que ambos temas abordan la dinámica de las relaciones de pareja y cómo influyen en la formación y desarrollo de estas relaciones.

- **Escenario hipotético:** El alumno creará un escenario hipotético de una pareja que está experimentando dificultades en su relación.
  - Debe describir brevemente la situación y los problemas que enfrentan.

- **Asesoramiento y recomendaciones:** Basándose en los conceptos aprendidos sobre "La Terapia de Pareja" y "Elección de la Pareja", el alumno debe proporcionar un asesoramiento fundamentado y recomendaciones específicas para ayudar a la pareja a resolver sus problemas y mejorar su relación.
  - Debe explicar cómo aplicaría los principios de ambos temas en esta situación particular.

Rubrica de evaluación:

Criterios de Evaluación	Excelente (5)	Bueno (4)	Aceptable (3)	Necesita Mejora (2)	Insuficiente (1)
Investigación y comprensión de los temas					
Análisis comparativo					
Aplicación de conceptos en el escenario					
Fundamentación de asesoramiento					
Originalidad y creatividad					
Organización y presentación					
Coherencia y claridad					
Uso adecuado de fuentes					
Total					

Nota: La puntuación para cada criterio se asignará según el nivel de desempeño del alumno en esa área específica. La suma total de los puntos dará la calificación final de la tarea.

TEMA 4: LA PSICODINAMIA DE LA PAREJA

Cuestionario sobre "La Psicodinamia de la Pareja".

1. ¿Cuál de las siguientes afirmaciones es correcta respecto a la definición del matrimonio?

a) El matrimonio tiene una definición universal y constante a lo largo de las culturas.

b) Las expectativas, deseos y conflictos de las personas no influyen en la configuración del matrimonio.

c) La definición del matrimonio se configura por factores sociales, culturales, religiosos y aspectos psicológicos de ambas partes involucradas.

2. ¿Qué corresponde a las primeras experiencias que el individuo tiene con los padres, hermanos y otros cuidadores, y cómo influyen en su vida adulta?

a) Experiencias "buenas" que se idealizan y generan relaciones saludables.

b) Experiencias "no suficientemente buenas" que generan dificultades en las relaciones de pareja.

c) Experiencias que no influyen significativamente en la formación de relaciones adultas.

3. ¿Qué es la transferencia en el contexto de la psicodinámica de pareja?

a) Un proceso consciente por el cual una persona transfiere afectos y sentimientos hacia otra.

b) La función psíquica mediante la cual una persona revive sentimientos y deseos infantiles reprimidos hacia otra persona en sus relaciones actuales.

c) Una técnica terapéutica utilizada en la terapia de pareja para resolver conflictos.

4. ¿Cuál de los siguientes mecanismos de defensa es más propio de las primeras etapas del desarrollo y tiende a negar la realidad?

a) Desplazamiento

b) Racionalización

c) Retraimiento

5. ¿Qué implica la escisión como mecanismo de defensa?

a) Separar el mundo y las personas en buenos y malos, evitando sentimientos ambivalentes hacia una misma persona.

b) Aceptar que algo ocurra y basarse en la convicción prelógica de que si uno no lo reconoce, no sucede.

c) Transformar una emoción o impulso en lo contrario.

6. ¿Cuál de los siguientes mecanismos de defensa es una forma de aislamiento que reconoce la existencia del afecto intelectualmente pero no lo siente?

a) Represión

b) Control omnipotente

c) Aislamiento

7. ¿Qué implica la sublimación como mecanismo de defensa?

a) Transformar experiencias de terror o dolor en excitación placentera.

b) Transformar lo pasivo en activo y ser el sujeto activo de una situación dolorosa.

c) Encontrar una satisfacción derivada y adaptativa de impulsos que no pueden expresarse directamente por las prohibiciones sociales.

Aportes finales:

- En la psicodinámica de pareja, es esencial comprender cómo las experiencias tempranas de cada individuo influyen en sus relaciones adultas.
  - La identificación de patrones y mecanismos de defensa puede ayudar a comprender mejor las dinámicas de pareja y los conflictos que puedan surgir.
- La transferencia es un fenómeno significativo en todas las relaciones, no solo en la terapia de pareja.
  - Reconocer cómo nuestras experiencias pasadas influyen en nuestras interacciones actuales puede ser fundamental para mejorar la comunicación y la comprensión en la pareja.
- Los mecanismos de defensa, tanto primarios como secundarios, son herramientas que utilizamos para protegernos de emociones y pensamientos incómodos o dolorosos.
  - Sin embargo, el uso excesivo de estos mecanismos puede interferir en la capacidad de enfrentar los conflictos y de crecer como individuos y como pareja.

- La sublimación es un mecanismo de defensa especialmente valioso, ya que permite canalizar impulsos no aceptados socialmente hacia actividades constructivas y creativas.
  - Fomentar la sublimación puede ser una forma de fomentar el desarrollo personal y la autorrealización en la pareja.
- El conocimiento de la psicodinámica de pareja no solo es útil para terapeutas o profesionales de la salud mental, sino también para cualquier persona que desee mejorar sus relaciones y comprender los aspectos más profundos de la interacción humana en el ámbito de pareja.
- En el trabajo terapéutico con parejas, es crucial tener en cuenta el papel de las experiencias tempranas y los mecanismos de defensa en las dinámicas de la relación.
  - La identificación y el abordaje adecuado de estos aspectos pueden contribuir significativamente al proceso de sanación y crecimiento en la pareja.
- La psicodinámica de pareja ofrece una visión enriquecedora sobre cómo nuestras experiencias pasadas influyen en nuestras relaciones actuales.
  - Explorar estas dimensiones puede llevar a una mayor comprensión y aceptación mutua, así como a una mayor intimidad emocional entre las parejas.

TEMA 5: EJEMPLO DE APLICACIÓN

Cuestionario.

1. ¿Cuál es el mecanismo de defensa que utiliza Sandra para enfrentar la ruptura con Isidro, convenciéndose de que no quiere tener otra pareja en toda su vida?

   a) Represión

   b) Sublimación

   c) Proyección

2. ¿Qué mecanismo de defensa está presente cuando Sandra se apunta a clases de tango con la intención inconsciente de canalizar su sexualidad o necesidad de contacto íntimo?

   a) Represión

   b) Sublimación

   c) Proyección

3. Sandra ve a una chica llorando en el tren y siente compasión al imaginar que ha sido abandonada por su pareja. ¿Qué mecanismo de defensa está manifestando Sandra?

   a) Represión

   b) Sublimación

   c) Proyección

4. ¿Cuál es el mecanismo de defensa que utiliza Sandra cuando se muestra comprensiva con Isidro el mismo día que él la deja, pero luego discute con su madre sin razón aparente?

   a) Introyección

   b) Desplazamiento

   c) Formación Reactiva

5. ¿Cuál es el mecanismo de defensa que Sandra utiliza cuando se convence de que su relación con Isidro iba mal desde hacía mucho tiempo para evitar enfrentar la realidad de que él se ha enamorado de otra mujer?

   a) Regresión

   b) Racionalización

   c) Aislamiento

6. Sandra sueña que sigue manteniendo una relación con Isidro, pero en el sueño él es un jefe que la despidió hace 3 años. ¿Qué mecanismo de defensa está presente en este sueño?

   a) Racionalización

   b) Condensación

   c) Formación Reactiva

7. ¿Por qué es importante poner conciencia sobre los mecanismos de defensa?

   a) Para evitar responsabilizarse de nuestras acciones.

   b) Para mantenernos en la misma situación emocional sin cambios.

   c) Para evolucionar y evitar que los mecanismos controlen nuestra vida.

Aportes finales:

- Los mecanismos de defensa son herramientas psicológicas que utilizamos para afrontar situaciones difíciles o conflictivas.
  - Aunque en ciertas circunstancias pueden ser útiles, es importante reconocerlos y evaluar si nos están ayudando o perjudicando en nuestro desarrollo personal y emocional.
- La reprogramación del inconsciente cambiando el discurso puede tener un impacto significativo en nuestra percepción y actitud hacia las situaciones.
  - El uso de afirmaciones positivas y expresar nuestros deseos de manera constructiva puede potenciar nuestra autoestima y bienestar.
- El enfoque en lo positivo requiere un esfuerzo consciente, ya que nuestro cerebro tiene un sesgo hacia lo negativo.
  - Sin embargo, practicar la gratitud y enfocarse en lo positivo puede mejorar nuestra calidad de vida y nuestras relaciones.

- La Biblia también nos enseña sobre la importancia del lenguaje y el pensamiento positivo. "La muerte y la vida están en poder de la lengua, y los que la aman comerán su fruto" (Prov 18:21).
  - Renovar nuestro entendimiento y transformarnos a través de pensamientos positivos puede conducirnos a la buena voluntad de Dios.

En general, el conocimiento y la comprensión de los mecanismos de defensa pueden ayudarnos a desarrollar una mayor autorreflexión y autogestión emocional, lo que nos permitirá enfrentar los desafíos de la vida de manera más saludable y constructiva.

MÓDULO 4: CONSEJERÍA Y MENTOREO DE LA PAREJA

TEMA 1: ¿POR QUÉ LA CONSEJERÍA ES IMPORTANTE?

Cuestionario sobre la Importancia de la Consejería Matrimonial.

1. ¿Por qué es importante la consejería matrimonial?

a) Porque ayuda a resolver problemas familiares.

b) Porque el matrimonio es la institución más importante creada por Dios.

c) Porque evita los conflictos entre parejas.

2. ¿Cuál es uno de los roles de la consejería matrimonial?

a) Ser el mediador en disputas conyugales.

b) Facilitar el crecimiento individual y de la relación de pareja.

c) Imponer soluciones a los problemas matrimoniales.

3. ¿Qué pueden revelar las presiones del matrimonio?

a) Los defectos de cada cónyuge.

b) La compatibilidad perfecta entre dos personas.

c) El secreto para un matrimonio sin problemas.

4. ¿Qué se necesita para que haya unidad genuina y perdurable en el matrimonio?

a) La intervención de amigos y familiares.

b) La obra de Cristo en la relación conyugal.

c) Ignorar los problemas y esperar que desaparezcan.

5. Según el texto, ¿cómo afecta la relación de la pareja con Dios su relación mutua?

a) No tiene ningún efecto.

b) Puede afectar las oraciones de las personas.

c) Es irrelevante para la consejería matrimonial.

6. ¿Qué condición es necesaria para que un consejero matrimonial esté calificado para aconsejar?

a) Tener un matrimonio perfecto y sin problemas.

b) Ser anciano en la iglesia.

c) Tener un matrimonio que se mueva en la dirección correcta y solucione problemas bíblicamente.

7. ¿Cuál es el problema básico que causa los conflictos matrimoniales según el texto?

a) La falta de amor entre los cónyuges.

b) Las diferencias de gustos y disgustos.

c) El pecado y sus manifestaciones en conceptos erróneos y actitudes pecaminosas.

Aportes Finales:

- La consejería matrimonial juega un papel fundamental en la resolución de conflictos y en el fortalecimiento de los matrimonios.
- Es importante reconocer que ningún matrimonio es perfecto, y es normal enfrentar desafíos y presiones en la vida conyugal.
- Sin embargo, la consejería matrimonial proporciona herramientas y guía basadas en principios bíblicos para superar esos obstáculos y crecer tanto a nivel individual como en la relación de pareja.
- Es esencial comprender que la compatibilidad real en el matrimonio no se trata de compartir todos los gustos y disgustos, sino de crecer juntos como individuos para poder ser compatibles el uno con el otro.
- Además, reconocer que la obra de Cristo en el matrimonio es esencial para lograr una unidad genuina y duradera, y que la relación con Dios puede verse afectada por la relación del uno con el otro.
- En cuanto a la calificación del consejero matrimonial, no se espera la perfección, pero sí un matrimonio que esté avanzando en la dirección correcta y que esté dispuesto a solucionar problemas de manera bíblica.
  - La integridad y el ejemplo del consejero son fundamentales para brindar un consejo eficaz y valioso.

- En resumen, la consejería matrimonial es importante porque ayuda a las parejas a enfrentar y resolver los desafíos propios del matrimonio, promoviendo un crecimiento tanto a nivel individual como en la relación de pareja.
- Al comprender los principios bíblicos y aplicarlos en el matrimonio, se puede fortalecer la unidad conyugal y vivir conforme al propósito de Dios para el matrimonio.

TEMA 2: CONCEPTOS DEL MATRIMONIO. ERRORES PRINCIPALES

Cuestionario sobre Conceptos Erróneos del Matrimonio.

1. Según el contenido, ¿de dónde proviene el matrimonio?

    a) Del deseo humano de compañía.

    b) De un pacto establecido por Dios.

    c) De la decisión de los padres.

2. ¿Cuál es la obligación principal en el matrimonio según los votos matrimoniales?

    a) Proveer compañerismo mutuo.

    b) Recibir compañerismo del otro cónyuge.

    c) Buscar el bienestar personal antes que el de la pareja.

3. ¿Qué significa que el matrimonio es un acto de amor?

    a) Cada cónyuge se compromete a dar sin condiciones.

    b) Cada cónyuge espera recibir lo que desea del otro.

    c) El matrimonio es un trato en el cual cada cónyuge da y recibe en igual medida.

4. ¿Qué tipo de compromiso se necesita para que el matrimonio florezca?

    a) Un compromiso de por vida.

    b) Un compromiso temporal sujeto a cambios.

    c) Un compromiso basado en el amor romántico.

5. ¿Cuál es el amor requerido en el matrimonio según la Biblia?

    a) Un amor centrado en uno mismo y basado en sentimientos.

    b) Un amor que se da y se sacrifica por el otro cónyuge.

    c) Un amor que surge naturalmente sin esfuerzo.

6. ¿Cuál es la base para el matrimonio según la Biblia?

a) El amor romántico.

b) La compatibilidad de gustos y personalidades.

c) El compromiso de por vida y el compañerismo.

7. ¿Qué significa ser una sola carne en el matrimonio?

a) Compartir una relación íntima y comprometida.

b) Ser dos personas separadas que comparten una casa.

c) Tener una relación sexual sin compromiso.

Aportes Finales:

- El contenido aborda conceptos erróneos comunes sobre el matrimonio y enfatiza la importancia de entender su origen divino y propósito.
- Un matrimonio sólido se basa en un compromiso de por vida y en el cumplimiento de los votos matrimoniales, que es dar amor y compañerismo al otro cónyuge sin condiciones.
- Es esencial comprender que el amor en el matrimonio no se trata solo de sentimientos románticos, sino de un amor que se demuestra a través del dar y el sacrificio mutuo.
- Este amor auto-dado y auto-iniciado es el que construye y fortalece una relación conyugal duradera y exitosa.
- El consejero matrimonial debe estar preparado para corregir conceptos erróneos y fomentar una comprensión adecuada del matrimonio según los principios bíblicos.
- Es importante desafiar a las parejas a que se enfoquen en agradar a Dios y a su cónyuge más que a sí mismos, buscando cumplir con sus responsabilidades matrimoniales de forma fiel.
- En resumen, el matrimonio es una institución divina que requiere un compromiso sólido, amor genuino y la voluntad de dar y sacrificarse por el bienestar del otro cónyuge.
- Al entender y aplicar estos principios, las parejas pueden enriquecer su relación y construir un matrimonio sólido y duradero.

- El consejero matrimonial tiene un papel crucial en guiar a las parejas hacia una comprensión más profunda y bíblica del matrimonio, fomentando un crecimiento espiritual y emocional en su relación conyugal.

TEMA 3: PAUTAS PECAMINOSAS

Cuestionario sobre Pautas Pecaminosas en el Matrimonio.

1. Según el contenido, ¿es posible el cambio de pautas pecaminosas en el matrimonio?

    a) No, las pautas adquiridas en la niñez son irrevocables.

    b) Sí, el cambio es posible en Cristo.

    c) Depende del grado de egoísmo presente en la persona.

2. ¿Cuál es la regla primordial para restablecer la comunicación en la intimidad del matrimonio?

    a) Hablar la verdad en amor.

    b) Mantener secretos para evitar conflictos.

    c) Ignorar las diferencias para evitar discusiones.

3. ¿Cuál es la pauta principal que afecta a todos los matrimonios según el contenido?

    a) La falta de comunicación.

    b) La mentira y la deshonestidad.

    c) El egoísmo.

4. ¿Por qué algunas personas insisten en que el cambio es imposible?

    a) Porque han aceptado ideas erróneas sobre el cambio.

    b) Porque nunca han intentado cambiar antes.

    c) Porque no tienen suficiente voluntad para hacerlo.

5. Según el contenido, ¿qué efecto colateral se obtiene al obedecer los mandamientos de amar a Dios y al prójimo?

    a) Una buena autoimagen.

    b) Una recompensa material.

    c) La capacidad de cambiar hábitos pecaminosos.

6. ¿Qué se necesita para restablecer la comunicación en la intimidad del matrimonio?

   a) Eliminar el pecado bloqueando la comunicación.

   b) Ignorar los problemas y esperar a que desaparezcan.

   c) Evitar hablar de los problemas para evitar conflictos.

7. Según el contenido, ¿qué es esencial para una relación íntima y de amistad en el matrimonio?

   a) La transparencia y la honestidad.

   b) La distancia y la independencia.

   c) La falta de comunicación y secretos.

Aportes Finales:

- El contenido aborda la importancia de reconocer y cambiar pautas pecaminosas que afectan negativamente al matrimonio.
- Se enfatiza que el cambio es posible en Cristo, y que obedecer los mandamientos de amar a Dios y al prójimo puede mejorar la autoimagen y la relación conyugal.
- La comunicación transparente y honesta es esencial para una relación íntima y de amistad en el matrimonio.
- Los consejeros deben ayudar a las parejas a eliminar el pecado que bloquea la comunicación y a buscar soluciones bíblicas para resolver sus problemas.
- El egoísmo es una pauta principal que afecta a todos los matrimonios, y el enfoque en uno mismo puede ser destructivo para la relación conyugal.
- Los consejeros deben guiar a las parejas hacia el servicio obediente a Cristo y Su reino, poniendo la voluntad de Dios por encima de los deseos personales.
- En resumen, es posible cambiar pautas pecaminosas en el matrimonio con la ayuda de Dios y Su Palabra.
- La clave está en buscar la voluntad de Dios por encima de los propios deseos y en mantener una comunicación honesta y transparente en la relación conyugal. El consejero debe ser firme en enseñar la verdad bíblica y ayudar a las parejas a crecer en su fe y amor mutuo.

TEMA 4: EL PROCESO DE LA CONSEJERÍA

Cuestionario sobre el tema "El proceso de la Consejería":

1. ¿Qué elementos especiales entran en juego en las relaciones de pareja en comparación con otras relaciones, como las de amistad?

a) La comunicación abierta y sincera.

b) Las diferencias y matices individuales de cada miembro de la pareja.

c) La frecuencia de los encuentros sociales.

2. ¿Qué reacciones negativas caracterizan a las parejas ante las incompatibilidades?

a) Aceptación y adaptación mutua.

b) Coerción, vilipendio y polarización.

c) Diálogo constructivo y comprensión.

3. ¿Qué es la coerción en una relación de pareja?

a) Un mecanismo para mantener el amor y la pasión.

b) Una estrategia de resolución de conflictos.

c) La administración de estímulos aversivos para obtener lo que se desea.

4. ¿Qué camino puede tomar una pareja cuando se presentan incompatibilidades?

a) Aceptar las diferencias y encontrar soluciones juntos.

b) Ignorar los problemas hasta que desaparezcan.

c) Enojarse mutuamente y distanciarse.

5. ¿Cuál de los siguientes factores puede influir negativamente en la resolución de incompatibilidades?

a) Buena comunicación y habilidades de resolución de conflictos.

b) Factores estresantes como problemas económicos o de salud.

c) Compartir intereses y aficiones en común.

6. ¿Cuál es uno de los caminos alternativos positivos para resolver las incompatibilidades?

   a) Vilipendiar y humillar a la pareja.

   b) Polarizarse y alejarse emocionalmente.

   c) Aceptar y tolerar las diferencias.

7. ¿Por qué es importante desarrollar habilidades de resolución de conflictos en una relación de pareja?

   a) Para mantener el control sobre la otra persona.

   b) Para mejorar la comunicación y fortalecer la relación.

   c) Para evitar las incompatibilidades y discusiones.

Aportes finales:

- Es fundamental entender que todas las parejas enfrentarán incompatibilidades a lo largo del tiempo, y que es normal y esperado que surjan desafíos en la convivencia.
- La comunicación abierta y sincera es clave para resolver los problemas y evitar que estos se conviertan en conflictos mayores.
- Es importante reconocer que las diferencias entre los miembros de la pareja no son necesariamente malas, sino que pueden ser una oportunidad para aprender y crecer juntos.
- Desarrollar habilidades de resolución de conflictos puede ayudar a enfrentar las incompatibilidades de manera constructiva y fortalecer la relación.
- Los factores estresantes externos pueden influir en la forma en que enfrentamos las incompatibilidades, por lo que es importante mantener la empatía y comprensión en momentos difíciles.
- Aceptar y tolerar las diferencias es esencial para mantener una relación saludable y duradera, ya que ninguna pareja será completamente idéntica en todos los aspectos.

En resumen, entender que las incompatibilidades son parte natural de las relaciones de pareja y aprender a manejarlas de manera positiva y constructiva puede ayudar a fortalecer el amor y la conexión en la pareja a lo largo del tiempo. La clave está en la comunicación, el respeto y la disposición para trabajar juntos en el crecimiento y la armonía de la relación.

Tarea:

Debate sobre la resolución de conflictos en las relaciones de pareja.

Descripción de la tarea:

El alumno deberá investigar y reflexionar sobre los temas tratados en el contenido "El proceso de la Consejería", centrándose específicamente en la resolución de conflictos en las relaciones de pareja. Posteriormente, deberá participar en un debate en clase, donde expondrá sus conclusiones y puntos de vista sobre cómo abordar los conflictos en una relación amorosa.

Pasos para realizar la tarea:

- **Investigación:** El alumno deberá realizar una investigación sobre los conceptos de resolución de conflictos en las parejas, tomando como base los contenidos proporcionados en el tema y ampliando con fuentes adicionales si lo desea.
- **Reflexión personal:** Después de la investigación, el estudiante deberá reflexionar sobre la importancia de la resolución de conflictos en una relación de pareja, identificando posibles estrategias y habilidades que pueden ser útiles para manejar desacuerdos y diferencias.
- **Preparación del debate:** El alumno deberá organizar sus ideas y argumentos para participar en el debate. Debe considerar tanto aspectos teóricos como ejemplos prácticos que ilustren sus puntos de vista.
- **Participación en el debate:** En el día asignado, el estudiante deberá participar en un debate en clase con sus compañeros, donde expondrá sus conclusiones y puntos de vista sobre la resolución de conflictos en las relaciones de pareja. También deberá estar dispuesto a escuchar y responder a las opiniones y argumentos de sus compañeros.

Rubrica de evaluación:

Criterios de evaluación Nivel de desempeño

- Investigación 0 1 2 3
    - Utiliza fuentes relevantes y actualizadas para la investigación.
    - Demuestra comprensión de los conceptos de resolución de conflictos en parejas.

- Reflexión personal 0 1 2 3
  - Realiza una reflexión profunda sobre la importancia de la resolución de conflictos en parejas.
  - Identifica estrategias y habilidades para manejar desacuerdos en una relación.
- Participación en el debate 0 1 2 3
  - Expone de manera clara y coherente sus ideas y argumentos en el debate.
  - Escucha activamente a sus compañeros y responde con respeto a sus puntos de vista.
- Argumentación 0 1 2 3
  - Presenta argumentos sólidos basados en evidencia y ejemplos.
  - Articula de forma clara y persuasiva sus opiniones sobre la resolución de conflictos en parejas.
- Participación en el debate 0 1 2 3
  - Participa activamente en el debate y aporta ideas relevantes.
  - Contribuye al enriquecimiento de la discusión con aportes significativos.

Nota final: Se calculará sumando las puntuaciones obtenidas en cada criterio (máximo 15 puntos). La nota final reflejará el nivel de desempeño del alumno en la tarea.

MÓDULO 5: LA RESISTENCIA AL CAMBIO EN LA PAREJA

TEMA 1: LOS CONFLICTOS EN EL MATRIMONIO

Cuestionario sobre el tema "Los conflictos en el matrimonio"

1. ¿Por qué se plantea la pregunta de cambiar de pareja o cambiar en pareja en la actualidad?

a) Porque cada vez más parejas optan por la unión libre.

b) Porque el matrimonio ideal implica cambiar de pareja.

c) Porque las parejas enfrentan conflictos y consideran terminar la relación.

2. ¿Cuál de las siguientes afirmaciones es cierta con respecto a los conflictos en el matrimonio?

a) Los conflictos son inevitables en cualquier relación.

b) Los conflictos solo afectan físicamente a las personas.

c) Los conflictos no tienen consecuencias negativas en la vida matrimonial.

3. ¿Qué es un conflicto según la definición presentada en el texto?

a) Un acuerdo entre personas o grupos.

b) Un choque de intereses, opiniones o actitudes.

c) Un estado de armonía y bienestar en una relación.

4. ¿Cuál de las siguientes opciones NO es una causa que puede originar conflictos en el matrimonio?

a) Problemas internos intrapersonales.

b) Conflictos contextuales externos.

c) Carencia de diferencias entre los cónyuges.

5. ¿Qué reacción negativa ante el conflicto implica ceder y asumir la culpa para ser aceptado?

a) Negar el conflicto.

b) Trivializar el conflicto.

c) Culpar o rebotar el conflicto.

6. ¿Cuál es uno de los problemas de la reacción de retirarse del conflicto?

a) Se enfrenta el conflicto de manera directa y agresiva.

b) Se busca mantener una fachada de perfección y espiritualidad.

c) Se busca imponer las convicciones sobre las del otro.

7. ¿Cuál de las siguientes opciones es una "arma" que puede usarse en el conflicto, según lo descrito en el texto?

a) La comprensión y el diálogo.

b) La comunicación abierta y respetuosa.

c) Las palabras ofensivas y el silencio.

Aportes finales:

- Fomentar la comunicación efectiva: El diálogo abierto y respetuoso es clave para abordar los conflictos en el matrimonio. Es importante aprender a escuchar al cónyuge sin juzgar y expresar los sentimientos de manera clara y honesta.

- Practicar la empatía: Intentar comprender el punto de vista del otro y ponerse en su lugar puede ayudar a reducir tensiones y resolver conflictos de manera más constructiva.

- Aprender técnicas de resolución de conflictos: Es útil adquirir habilidades para manejar los desacuerdos de manera positiva, como el establecimiento de acuerdos y la negociación.

- Buscar ayuda profesional cuando sea necesario: Si los conflictos en el matrimonio parecen inmanejables, considerar la posibilidad de buscar terapia de pareja con un profesional capacitado puede ser beneficioso.

- Cultivar el respeto y la paciencia: Reconocer que cada cónyuge es una persona única con sus propias experiencias y emociones puede ayudar a crear un ambiente de respeto y tolerancia mutua.

- Recordar el propósito del matrimonio: Mantener siempre presente el compromiso y la importancia de la unión matrimonial puede ayudar a superar los momentos difíciles y a encontrar soluciones en conjunto.

- Aprender de los conflictos: En lugar de evitar los conflictos, verlos como oportunidades para crecer como pareja y fortalecer la relación. Aprender de los desafíos puede llevar a un matrimonio más sólido y duradero.

Recuerda que cada matrimonio es único, y el manejo de los conflictos puede variar según las personas involucradas. Lo esencial es abordar los desacuerdos con amor, respeto y disposición para encontrar soluciones que beneficien a ambos cónyuges.

TEMA 2: RESISTENCIA AL CAMBIO EN LA PAREJA

Cuestionario sobre el tema "Resistencia al cambio en la pareja"

1. ¿Cuál de las siguientes razones es una de las más comunes que nos impiden crear cambios en nuestra vida personal y de pareja?

a) La motivación es externa o superficial.

b) Nos enfocamos en las circunstancias.

c) Lo queremos hacer solos.

2. ¿Qué es la zona de confort en el contexto del cambio en la pareja?

a) Un estado mental que favorece el crecimiento personal.

b) Un espacio seguro y conocido que puede impedir el crecimiento.

c) Un lugar donde se encuentran las mejores ideas para el cambio.

3. ¿Cuál de los siguientes factores de resistencia al cambio está relacionado con la falta de competencia y el temor al fracaso?

a) Miedo a lo desconocido.

b) Apego a los hábitos.

c) Falta de confianza en nuestras habilidades.

4. ¿Cuál de los siguientes factores NO es una de las 10 razones más comunes de resistencia al cambio?

a) Predisposición personal ante el cambio.

b) Escasa motivación.

c) Aceptación del cambio por parte de la pareja.

5. ¿Cuál de las siguientes afirmaciones sobre el cambio es cierta?

a) El cambio solo ocurre a nivel biológico.

b) El cambio evolutivo depende de circunstancias externas.

c) El cambio también puede ocurrir a nivel psicológico y de desarrollo personal.

6. ¿Cuál de los siguientes versículos bíblicos resalta la importancia de la paciencia y el perdón en el matrimonio?

a) Mc 10,9 - "Pues bien, lo que Dios unió, no lo separe el hombre."

b) 1 P 4,8 - "Ante todo, tengan entre ustedes intenso amor, pues el amor cubre multitud de pecados."

c) Pr 3,5-6 - "Confía en Jehová de todo corazón y no te apoyes en tu propia inteligencia; reconócele en todos tus caminos y él enderezará tus sendas."

7. ¿Qué pueden hacer las personas para facilitar el cambio positivo y duradero en sus vidas y en la relación de pareja?

a) Enfocarse en lo difícil que es el cambio.

b) Buscar apoyo externo y motivación intrínseca.

c) Aferrarse a los hábitos y creencias limitadoras.

Aportes finales:

- **Fomentar la comunicación en la pareja:** Hablar abierta y sinceramente sobre los deseos de cambio y las resistencias que puedan surgir puede ayudar a comprenderse mutuamente y apoyarse en el proceso.

- **Identificar y cuestionar creencias limitadoras:** Reconocer y desafiar las creencias que nos impiden cambiar puede abrir nuevas posibilidades para el crecimiento personal y en la relación.

- **Buscar apoyo y trabajar en equipo:** Contar con el apoyo mutuo y buscar ayuda externa, como consejería de pareja, puede facilitar el proceso de cambio y fortalecer la relación.

- **Celebrar los avances:** Reconocer y celebrar los logros y avances, por pequeños que sean, puede motivar a seguir adelante en el camino del cambio.

- **Ser paciente y compasivo:** El cambio lleva tiempo y esfuerzo, por lo que es importante ser comprensivo y paciente con uno mismo y con la pareja durante el proceso.

- **Mantener una actitud positiva:** Enfocarse en los beneficios y las oportunidades que trae consigo el cambio puede ayudar a superar las resistencias y mantener una actitud positiva hacia el crecimiento personal y en la relación.

- **Recordar la importancia del compromiso:** Mantener presente el valor del matrimonio y el compromiso adquirido puede ser un poderoso motor para enfrentar los desafíos del cambio juntos como pareja.

TEMA 3: ¿CÓMO SUPERAR LA RESISTENCIA AL CAMBIO?

Cuestionario sobre el tema "¿Cómo superar la resistencia al cambio?"

1. ¿Cuál de las siguientes afirmaciones es cierta acerca del cambio personal?

a) El cambio solo puede lograrse si alguien más quiere que cambiemos.

b) La transformación personal requiere auto-reflexión, autoconciencia y voluntad.

c) El cambio solo puede ocurrir si planificamos cada paso de antemano.

2. ¿Qué recomendación se da para superar la resistencia al cambio?

a) Eliminar las creencias limitantes.

b) Mantenerse en la zona de confort para evitar la ansiedad.

c) Negociar el cambio con los demás.

3. Según el método Kaizen, ¿qué estrategia es más efectiva para lograr el cambio?

a) Establecer objetivos grandes y ambiciosos.

b) Hacer pequeñas mejoras constantes en la vida.

c) Esperar a que las circunstancias cambien por sí solas.

4. ¿Por qué el método Kaizen ayuda a superar la resistencia al cambio?

a) Porque exige grandes transformaciones que desafían a las personas.

b) Porque se basa en la mejora continua y establece metas realistas.

c) Porque obliga a las personas a asumir un compromiso a largo plazo.

5. ¿Cuál es una de las etapas del ciclo emocional propuesto por Kubler-Ross que las personas siguen cuando enfrentan un cambio que rechazan?

a) Etapa de planificación.

b) Etapa de aceptación.

c) Etapa de ira y frustración.

6. ¿Qué significado tiene la palabra "Kaizen" en el método de mejora continua?

    a) Cambio radical.

    b) Mejora constante en beneficio colectivo.

    c) Aceptación del cambio sin resistencia.

7. ¿Por qué es importante centrarse en el proceso de cambio según el método Kaizen?

    a) Para lograr objetivos grandes y ambiciosos.

    b) Para evitar el miedo y la resistencia al cambio.

    c) Para planificar meticulosamente cada paso del proceso de cambio.

Aportes finales:

- **Practicar la paciencia y la autocompasión:** Superar la resistencia al cambio puede llevar tiempo y esfuerzo. Es importante ser amable y compasivo con uno mismo durante el proceso de cambio.
- **Buscar apoyo y compartir experiencias:** Compartir con otras personas que también están pasando por procesos de cambio puede ser enriquecedor y motivador. Buscar grupos de apoyo o contar con el respaldo de amigos y familiares puede hacer la diferencia.
- **Celebrar los pequeños logros:** Reconocer y celebrar cada paso y avance hacia el cambio es fundamental para mantener la motivación y el ánimo alto.
- **Flexibilidad y adaptabilidad:** Aceptar que el cambio es una parte natural de la vida y estar dispuesto a adaptarse a nuevas circunstancias puede ayudar a superar la resistencia al cambio.
- **Aprender de los fracasos:** Los fracasos y obstáculos son oportunidades de aprendizaje. En lugar de desanimarse, es útil analizar qué se puede aprender de las dificultades para seguir adelante con mayor sabiduría.
- **Enfocarse en el crecimiento personal:** Ver el cambio como una oportunidad para crecer y mejorar en diferentes áreas de la vida puede ser una motivación poderosa para superar la resistencia.
- **Practicar la gratitud:** Agradecer por las oportunidades de cambio y crecimiento puede ayudar a mantener una perspectiva positiva y abierta hacia el proceso de transformación.

Tarea:

"Plan de Superación Personal y Gestión del Cambio"

Descripción:

Cada alumno deberá desarrollar un Plan de Superación Personal y Gestión del Cambio, aplicando los conceptos aprendidos en el tema "¿Cómo superar la resistencia al cambio?" y utilizando el método Kaizen como enfoque para lograr mejoras constantes en su vida. El plan debe incluir estrategias para identificar y superar la resistencia al cambio, establecer objetivos realistas, desarrollar una actitud proactiva hacia el cambio y aplicar el enfoque Kaizen en su proceso de mejora personal.

Pasos a seguir:

- **Autoevaluación:** Cada alumno realizará una autoevaluación para identificar áreas de su vida que deseen mejorar y los obstáculos emocionales que podrían estar impidiendo el cambio.
- **Establecimiento de objetivos:** Los alumnos definirán objetivos claros y específicos para cada área de mejora identificada en la autoevaluación. Estos objetivos deben ser pequeños y alcanzables en un período corto de tiempo.
- **Estrategias de cambio:** Los alumnos investigarán y desarrollarán estrategias para superar la resistencia al cambio y aplicarán el enfoque Kaizen en su proceso de mejora personal. Deben incluir técnicas de autoconciencia, manejo de creencias limitantes, enfrentamiento del miedo al cambio, entre otras.
- **Planificación y seguimiento:** Los alumnos elaborarán un plan detallado con pasos específicos para alcanzar cada uno de los objetivos establecidos. Deben incluir un cronograma de seguimiento y evaluación de los avances.
- **Aplicación y reflexión:** Cada alumno pondrá en práctica su Plan de Superación Personal y Gestión del Cambio durante un período determinado. Al finalizar, deberán reflexionar sobre los resultados obtenidos, los obstáculos enfrentados y las lecciones aprendidas durante el proceso.

Rúbrica de Evaluación:

La evaluación de la tarea se realizará en base a los siguientes criterios:

- **Identificación y comprensión de los conceptos:** El alumno demuestra una clara comprensión de los temas tratados en el tema "¿Cómo superar la resistencia al cambio?" y aplica adecuadamente los conceptos en su Plan de Superación Personal.
- **Aplicación del método Kaizen:** El alumno incorpora el enfoque Kaizen en su plan, estableciendo metas pequeñas y alcanzables, y muestra evidencia de mejoras constantes en su proceso de cambio personal.
- **Creatividad e innovación:** El plan demuestra originalidad en las estrategias de cambio propuestas y muestra un enfoque creativo para superar la resistencia al cambio.
- **Organización y estructura:** El plan está bien organizado, presenta una estructura clara y sigue los pasos propuestos en la tarea.
- **Reflexión y aprendizaje:** El alumno muestra una reflexión profunda sobre su proceso de cambio personal, identifica obstáculos enfrentados y lecciones aprendidas durante la aplicación del plan.
- **Calidad del informe final:** La presentación del plan es clara, coherente y con una redacción adecuada.

Puntuación:
- 5 puntos: Excelente
- 4 puntos: Muy Bueno
- 3 puntos: Bueno
- 2 puntos: Regular
- 1 punto: Insuficiente

Fecha de entrega: [Establecer fecha de entrega]

Nota: Es importante que el docente proporcione orientación y feedback a los alumnos durante el proceso de elaboración del plan para asegurar un aprendizaje significativo y la correcta aplicación de los conceptos aprendidos.

Ejemplo de Plan de Superación Personal y Gestión del Cambio:

Nombre del alumno: Juan Pérez

Área de mejora identificada: Organización del tiempo para reducir el estrés y mejorar el rendimiento académico.

Objetivo: Establecer un horario de estudio y actividades diarias para optimizar mi tiempo, reducir el estrés y mejorar mis resultados académicos.

Estrategias de cambio:

- **Autoconciencia:** Identificar mis hábitos de estudio actuales y las distracciones que afectan mi rendimiento académico.
- **Eliminación de creencias limitantes:** Reconocer y superar la creencia de que no tengo suficiente tiempo para estudiar adecuadamente.
- **Salir de la zona de confort:** Aceptar que debo cambiar mis hábitos de tiempo libre y enfrentar la incertidumbre de un nuevo horario.
- **Mejora de la autoconfianza:** Reforzar mi confianza en mis habilidades académicas y en mi capacidad para manejar el tiempo de manera efectiva.
- **Establecimiento de objetivos realistas:** Definir metas diarias y semanales de estudio que sean alcanzables y medibles.
- **Actitud proactiva:** Afrontar los desafíos académicos con una actitud positiva y de aprendizaje continuo.
- **Planificación y seguimiento:** Crear un horario semanal con bloques de estudio y descanso, y mantener un registro de mis avances y logros.

Aplicación y reflexión:

Durante un período de cuatro semanas, pondré en práctica mi plan de superación personal y gestión del cambio. Seguiré mi horario de estudio y actividades, enfrentaré las distracciones y priorizaré mis responsabilidades académicas. Al finalizar cada semana, reflexionaré sobre mis progresos, identificaré los obstáculos enfrentados y ajustaré mi plan si es necesario.

Resultado final:

Después de cuatro semanas de implementar mi plan, espero ver una mejora en mi organización del tiempo, una reducción del estrés y un aumento en mi rendimiento académico.

Me comprometo a seguir aplicando el método Kaizen en mi vida, buscando continuamente pequeñas mejoras que contribuyan a mi crecimiento personal y éxito académico.

Nota:

Este es solo un ejemplo y cada alumno puede adaptar su Plan de Superación Personal y Gestión del Cambio a sus necesidades y áreas de mejora específicas. El docente debe guiar y proporcionar retroalimentación individualizada para asegurar el éxito del proceso de aprendizaje y cambio.

TEMA 4: RECURSOS PARA EL CAMBIO

Cuestionario para evaluar el aprendizaje sobre el tema "Recursos para el cambio":

1. ¿Cuál de los siguientes problemas identificados en la pareja necesita ser abordado para mejorar la comunicación?

a) La esposa no respeta la opinión del esposo.

b) El esposo no tiene control sobre su mal genio.

c) Ambos tienen opiniones diferentes sobre la compra de ropa para sus hijas.

2. Según el artículo, ¿qué cualidades son comparables al corazón y los pulmones en el matrimonio?

a) Amor y respeto.

b) Paciencia y comprensión.

c) Confianza y sinceridad.

3. ¿Por qué es importante fijar un momento para hablar del tema en conflicto y no discutir en el momento de la emoción intensa?

a) Para evitar herir los sentimientos del cónyuge.

b) Para mantener la armonía en el matrimonio.

c) Para tener una comunicación más efectiva y respetuosa.

4. ¿Qué se recomienda para expresar su opinión con franqueza y respeto?

a) Evitar hablar de problemas en absoluto.

b) Ser franco y específico al expresar sentimientos.

c) Mantener los problemas sin resolver.

5. ¿Cuál es el propósito de escuchar atentamente a su cónyuge y procurar comprender sus sentimientos?

a) Ganar una discusión.

b) Mostrar dominio en la conversación.

c) Honrar a su cónyuge y fortalecer la comunicación.

6. ¿Qué es esencial para solucionar los problemas maritales y lograr una mejora en la relación de pareja?

a) Dejar que uno de los cónyuges tome todas las decisiones.

b) Trabajar en equipo y cooperar mutuamente.

c) Mantener una actitud de dictador y control sobre el otro.

7. ¿Por qué se compara el matrimonio con un yugo en el artículo?

a) Para enfatizar la necesidad de la sumisión de uno de los cónyuges.

b) Para destacar que los problemas matrimoniales pueden ser agotadores.

c) Para resaltar la importancia de trabajar juntos y colaborar en el matrimonio.

Aportes finales:

- **Fomentar la empatía y la comprensión:** Es esencial que las parejas aprendan a ponerse en el lugar del otro y entender sus sentimientos y perspectivas. Practicar la escucha activa y respetuosa puede fortalecer la comunicación y la conexión emocional en la relación.

- **Aprender a resolver conflictos de manera constructiva:** Es importante que las parejas aprendan a resolver los problemas de manera respetuosa y pacífica, evitando la confrontación y la agresividad. Utilizar técnicas de comunicación asertiva y buscar soluciones conjuntas puede mejorar la dinámica en el matrimonio.

- **Fortalecer el amor y el respeto mutuo:** El artículo destaca que el amor y el respeto son fundamentales en el matrimonio. Ambos cónyuges deben esforzarse por mantener estas cualidades presentes en su relación, valorando y apreciando a su pareja en todo momento.

- **Buscar ayuda profesional si es necesario:** En casos de conflictos graves o persistentes, es recomendable buscar la ayuda de un terapeuta o consejero matrimonial. La asesoría profesional puede proporcionar herramientas y estrategias específicas para abordar problemas y mejorar la relación.
- **Practicar la paciencia y la tolerancia:** El cambio y la mejora en una relación pueden llevar tiempo y esfuerzo. Ambos cónyuges deben ser pacientes y comprensivos mientras trabajan juntos en superar los desafíos y alcanzar una convivencia más armoniosa.

Recuerda que cada matrimonio es único, por lo que es esencial adaptar estos aportes a las necesidades y dinámicas específicas de cada pareja. La comunicación abierta y el compromiso mutuo son fundamentales para el crecimiento y el fortalecimiento del vínculo marital.

MÓDULO 6: LA FAMILIA RECONSTRUIDA

TEMA 1: DEFINICIÓN DE FAMILIA RECONSTRUIDA

Preguntas para evaluar el aprendizaje del alumno sobre el tema "Definición de Familia Reconstruida"

Pregunta 1: ¿Cómo se define una familia reconstruida?
   a) Una familia formada por dos miembros adultos sin hijos.
   b) Una familia donde ambos miembros tienen hijos biológicos.
   c) Una familia formada por una pareja adulta y al menos un miembro con hijos de una relación anterior.

Pregunta 2: ¿Cuáles son algunas de las causas que explican la aparición de familias reconstruidas?
   a) La falta de disposición para formar una familia tradicional.
   b) El aumento en el número de divorcios.
   c) La preferencia por tener hijos de diferentes edades.

Pregunta 3: ¿Qué caracteriza a las familias reconstruidas más comunes?
   a) Padres biológicos que tienen hijos juntos.
   b) Madre biológica y padrastro con hijos de relaciones anteriores.
   c) Padres adoptivos con hijos de diferentes edades.

Pregunta 4: ¿Cuál de los siguientes no es un posible desajuste en las relaciones de una familia reconstruida?
   a) Problemas entre los hijos y sus padres biológicos.
   b) Tensiones entre los hijos de diferentes padres.
   c) Involucramiento excesivo de los cónyuges anteriores.

Pregunta 5: ¿Qué aspecto puede ser más difícil de manejar en una familia reconstruida?
   a) La adaptación de los niños pequeños.
   b) Los problemas de comunicación entre los padres.
   c) La educación y formación de los hijos.

Pregunta 6: ¿Qué grupo de edad de los hijos puede experimentar más dificultades para adaptarse a una familia reconstruida?

    a) Los niños más pequeños (menos de 10 años).

    b) Los adolescentes mayores (15 años o más).

    c) Los adolescentes jóvenes (10-14 años).

Pregunta 7: Según el ejemplo bíblico de Rut y Noemí, ¿cómo se puede interpretar la idea de una "familia ensamblada"?

    a) Como una forma inaceptable de estructura familiar.

    b) Como un ejemplo de amor y adopción a través de lazos no sanguíneos.

    c) Como una situación que no tiene relevancia en la sociedad actual.

Aportes finales:

- Sería útil profundizar en los desafíos emocionales que enfrentan los miembros de una familia reconstruida y cómo pueden abordarlos.
- Explorar estrategias efectivas para establecer roles claros y límites en una familia reconstruida.
- Considerar la importancia de la comunicación abierta y la empatía para fortalecer las relaciones en este tipo de familias.
- Investigar más ejemplos históricos, literarios y culturales que ilustren la diversidad y la riqueza de las familias reconstruidas en diferentes contextos.
- Analizar cómo las diferentes religiones y creencias influyen en la aceptación y manejo de las familias reconstruidas.

TEMA 2: CONTRASTE ENTRE LA FAMILIA CONVENCIONAL Y LA RECONSTITUIDA

Preguntas para evaluar el aprendizaje del alumno sobre el tema "Contraste entre la familia convencional y la reconstituida"

Pregunta 1: ¿Qué característica define a las familias reconstituidas en términos de su estructura?

    a) Tienen límites claramente definidos.

    b) Cuentan con una sola figura de autoridad.

    c) Crean nuevos roles familiares que pueden ser complejos.

Pregunta 2: ¿Cuál es una diferencia clave entre la familia convencional y la familia reconstituida en términos de la creación de roles familiares?

    a) En la familia convencional, los roles no cambian.

    b) En la familia reconstituida, los roles son más sencillos de establecer.

    c) En la familia reconstituida, se crean nuevos roles debido a la incorporación de miembros de relaciones anteriores.

Pregunta 3: ¿Qué puede dificultar el proceso de integración en una familia reconstituida?

    a) La existencia de roles ya establecidos.

    b) La coincidencia de normas entre los miembros.

    c) El acoplamiento y adaptación entre los miembros puede llevar años.

Pregunta 4: ¿Qué diferencia a la familia convencional de la familia reconstituida en términos de límites y pertenencia?

    a) Las familias convencionales tienen límites más difusos.

    b) Las familias reconstituidas tienen límites biológicamente claros.

    c) Las familias convencionales tienen límites más definidos que las reconstituidas.

Pregunta 5: ¿Qué aspecto puede ser especialmente desafiante en la crianza de los hijos en familias reconstituidas?

    a) La adaptación a los cambios continuos.

    b) La definición de roles parentales.

    c) La elaboración adecuada de pérdidas anteriores.

Pregunta 6: ¿Qué se debe considerar al planificar un nuevo matrimonio en una familia reconstituida?

    a) Acuerdos financieros y de vivienda.

    b) Planes para mantener separación total de los hijos.

    c) Exclusión de actividades en pareja sin hijos presentes.

Pregunta 7: ¿Por qué es importante establecer normas comunes en la convivencia de familias reconstituidas?

    a) Para demostrar autoridad a los hijos.

    b) Para mantener un ambiente desordenado.

    c) Para proporcionar consistencia y estructura a la vida del niño en dos hogares.

Aportes finales:

- Explorar más ejemplos de desafíos específicos que las familias reconstituidas enfrentan en la vida cotidiana y cómo pueden abordarlos de manera efectiva.
- Analizar las implicaciones legales y psicológicas de la presencia de múltiples figuras parentales en la vida de los niños en familias reconstituidas.
- Investigar las dinámicas culturales y sociales que pueden influir en la aceptación y adaptación de las familias reconstituidas en diferentes partes del mundo.
- Examinar cómo la educación y el apoyo comunitario pueden ayudar a las familias reconstituidas a superar los desafíos únicos que enfrentan.

TEMA 3: FAMILIAS NACIDAS DE LA PÉRDIDA

Preguntas con 3 respuestas múltiples para evaluar el aprendizaje del alumno sobre el tema "Familias Nacidas de la Pérdida"

Pregunta 1: Según la definición clásica de Bowlby (1980), ¿qué es el duelo?
    a) Una celebración de la vida del ser querido.
    b) Una reacción psicológica a una pérdida de un ser querido.
    c) Un proceso de adaptación al crecimiento.

Pregunta 2: ¿Qué se pone en marcha a raíz de la pérdida de un miembro de la familia, según Pichon-Rivière?
    a) Un proceso de reestructuración familiar.
    b) Una etapa de negación y búsqueda.
    c) Una sucesión de duelos a lo largo de la vida.

Pregunta 3: ¿Cuál es una diferencia clave entre el duelo por muerte y el duelo por divorcio?
    a) Ambos tipos de duelo tienen la misma duración.
    b) El duelo por muerte es más corto que el duelo por divorcio.
    c) El duelo por muerte es irreversible, mientras que el del divorcio no lo es.

Pregunta 4: ¿Qué fantasía común puede fomentar expectativas peligrosas en las familias reconstituidas?
    a) La fantasía del rescate.
    b) La fantasía de la reconciliación.
    c) La fantasía del olvido.

Pregunta 5: ¿Cuál de las siguientes afirmaciones es cierta acerca de la fantasía del rescate en familias reconstituidas?
    a) Los padrastros suelen abandonar a los hijos a su suerte.
    b) Los padrastros intentan rescatar a los hijos de la disciplina errónea.
    c) Los padrastros suelen evitar toda interacción con los hijos.

Pregunta 6: Según el texto, ¿qué puede prolongar la duración del proceso de duelo por divorcio?

      a) El apoyo económico y socio-familiar.

      b) La presencia de rituales facilitadores.

      c) La esperanza de reversibilidad y la falta de rituales.

Pregunta 7: ¿Por qué el duelo por divorcio puede ser más difícil de elaborar que el duelo por muerte?

      a) Porque en el duelo por divorcio no existe una fase de negación.

      b) Porque el duelo por divorcio no involucra sentimientos de culpa.

      c) Porque la fantasía de reversibilidad puede prolongar la aceptación de la pérdida.

Aportes finales:
- Explorar casos reales y estudios de casos que ejemplifiquen cómo las familias reconstituidas enfrentan y superan los procesos de duelo y las expectativas que pueden surgir.
- Investigar cómo las diferencias culturales y sociales influyen en la forma en que se abordan las pérdidas en las familias reconstituidas en diferentes partes del mundo.
- Analizar la importancia de la comunicación y el apoyo emocional en la elaboración del duelo en familias reconstituidas.
- Profundizar en las estrategias y recursos terapéuticos que pueden ayudar a las familias reconstituidas a manejar los desafíos emocionales y psicológicos relacionados con la pérdida y el duelo.

Tarea: Entrevista a Familias Reconstituidas

Descripción de la tarea:

Realiza una entrevista a una familia reconstituida en tu entorno cercano (puede ser un amigo, un familiar, un conocido) para explorar cómo han enfrentado y experimentado los procesos de pérdida y duelo en su proceso de formación y convivencia.

- La entrevista debe incluir preguntas relacionadas con las expectativas iniciales, los desafíos emocionales, las estrategias de comunicación y apoyo, así como las reflexiones sobre la dinámica familiar actual.

Instrucciones:

- Identifica y contacta a una familia reconstituida dispuesta a participar en la entrevista.
- Prepara una lista de preguntas relevantes para el tema, como aquellas relacionadas con las fantasías destructivas, los desafíos del duelo y las estrategias de convivencia.
- Realiza la entrevista en persona, por teléfono o mediante una plataforma de videoconferencia, asegurándote de registrar sus respuestas de manera precisa.
- Escribe un informe que presente las respuestas de la familia entrevistada y tus propias reflexiones sobre lo aprendido durante la entrevista.
- Prepara una presentación visual (puede ser en forma de diapositivas) para compartir tus hallazgos con la clase.

Rúbrica de Evaluación:

Criterio	Sobresaliente (5)	Competente (3)	Básico (1)
Profundidad de la entrevista	La entrevista es profunda, aborda aspectos clave de la formación y convivencia de la familia reconstituida, explorando con detalle los desafíos emocionales y las estrategias aplicadas.	La entrevista es competente y cubre aspectos relevantes del tema, pero podría haber profundizado en algunos aspectos	La entrevista es superficial y no aborda con detalle los aspectos importantes de la formación y convivencia de la
Reflexiones personales	Las reflexiones personales son sustanciales, evidenciando una comprensión profunda de los temas tratados y relacionándolas con la entrevista realizada.	Las reflexiones personales son adecuadas y están relacionadas con la entrevista, pero podrían haber sido más detalladas.	Las reflexiones personales son escasas o inexistentes, no muestran una conexión clara con la entrevista

Presentación visual	La presentación visual es creativa, organizada y enriquece la comprensión del tema a través de imágenes, gráficos y	La presentación visual es adecuada, pero podría haberse mejorado con más elementos visuales o	La presentación visual es básica y carece de elementos visuales o de una organización clara.
Claridad y redacción	La redacción es clara, precisa y libre de errores gramaticales y ortográficos.	La redacción es comprensible, pero puede contener algunos errores gramaticales u	La redacción dificulta la comprensión y contiene varios errores gramaticales

Nota: Esta tarea busca involucrar al alumno en un proceso activo de investigación y reflexión sobre los temas tratados. La entrevista y la posterior presentación visual fomentan la aplicación práctica de los conceptos aprendidos y permiten al alumno obtener una visión más cercana de la realidad de las familias reconstituidas. La rubrica de evaluación asegura la consideración de diferentes aspectos en la realización de la tarea.

TEMA 4: SOLUCIONES PRÁCTICAS A LAS SITUACIONES MÁS TÍPICAS

Cuestionario sobre Soluciones Prácticas a las Situaciones más Típicas en Familias Reconstituidas.

Instrucciones: Responde a las siguientes preguntas seleccionando la opción correcta de las tres respuestas múltiples proporcionadas.

1. ¿Cómo se sugiere abordar el término "papá" o "mamá" para el nuevo cónyuge de un progenitor?

    a. Los niños deben llamar a la nueva pareja papá/mamá para establecer un vínculo cercano.

    b. Los niños deben usar el nombre de pila de la nueva pareja para evitar confusión y conflicto.

    c. Los niños deben usar los términos papá/mamá solo si se sienten cómodos haciéndolo.

2. ¿Qué se recomienda antes de iniciar la convivencia en una familia reconstituida?

    a. Dejar que cada uno actúe según su instinto con los hijos propios y ajenos.

    b. Llegar a un acuerdo sobre cómo tratar a los hijos propios y ajenos para evitar conflictos.

    c. Evitar discutir sobre la crianza y tomar decisiones de manera espontánea.

3. ¿Qué puede dificultar la relación entre la nueva pareja y los hijos de su cónyuge?

    a. La falta de comprensión de los roles y la resistencia del hijo a aceptar al padrastro/madrastra.

    b. La ausencia de conflictos y desacuerdos en la convivencia diaria.

    c. La negación de la existencia del hijo por parte del padrastro/madrastra.

4. ¿Cuál es la recomendación para el papel que debe adoptar la nueva pareja respecto a los hijos?

    a. Ser estricto y adoptar un rol de padre/madre inmediatamente.

    b. Ser amigo/a y evitar establecer límites con los hijos.

    c. Mantener una distancia emocional y un rol de adulto responsable.

5. ¿Qué impacto puede tener ser permisivo para ganarse a los hijos de la pareja?

    a. Ayuda a construir una relación sólida y de confianza.

    b. Genera problemas de disciplina y dificultades en la convivencia.

    c. No tiene ningún impacto en la dinámica familiar.

6. ¿Cómo se sugiere manejar los conflictos entre los niños en familias reconstituidas?

    a. Permitir que los niños se resuelvan solos los conflictos sin intervención.

    b. Crear un espacio propio para cada hijo y enseñarles a respetar la privacidad.

    c. Ignorar los conflictos para evitar tensiones en la familia.

7. ¿Cuál de las siguientes afirmaciones es verdadera según la información proporcionada?

    a. Los niños en familias reconstituidas tienen mejores resultados académicos que los de familias tradicionales.

    b. Los padres biológicos suelen asumir un rol secundario en la crianza de los hijos en familias reconstituidas.

    c. Los niños en familias reconstituidas enfrentan mayores riesgos emocionales y de comportamiento.

Aportes Finales:

- Fomentar la comunicación abierta y honesta en la familia es esencial para abordar los desafíos y resolver los conflictos de manera constructiva.
- Reconocer y respetar las diferencias individuales de los miembros de la familia puede ayudar a evitar malentendidos y tensiones innecesarias.
- Buscar asesoramiento y apoyo profesional, como terapeutas familiares, puede ser útil para abordar situaciones más complejas y encontrar soluciones efectivas.
- Promover la paciencia y la empatía entre los miembros de la familia es clave para construir relaciones sólidas y duraderas en familias reconstituidas.

MÓDULO 7: EL ACOMPAÑAMIENTO PASTORAL DE LA PAREJA

TEMA 1: LA IGLESIA, UNA COMUNIDAD DE SALUD Y CUIDADO

Preguntas para evaluar el aprendizaje del alumno sobre el tema "La Iglesia, una comunidad de salud y cuidado"

Pregunta 1: ¿Cuál es el llamado de la iglesia según el texto?

a) Ser una institución poderosa.

b) Manifestar el amor divino en el mundo.

c) Buscar la riqueza material.

Pregunta 2: Según el texto, ¿qué analogía se establece entre la iglesia y la pregunta "¿Señor, a quién iremos?"?

a) Ninguna analogía.

b) La iglesia busca riqueza material.

c) La iglesia es buscada para encontrar salud y plenitud humana.

Pregunta 3: ¿Cómo se describe la relación entre los miembros de la iglesia en el texto?

a) Los miembros son indiferentes entre sí.

b) Los miembros se duelen y se gozan mutuamente.

c) Los miembros compiten por atención.

Pregunta 4: ¿Qué desafíos enfrenta la iglesia en medio de las culturas actuales, según el texto?

a) Promover la riqueza material.

b) Luchar por el poder político.

c) Enfrentar violencia, aislamiento, carencias e injusticias.

Pregunta 5: ¿Cuál de las siguientes NO es una de las razones de ser de la iglesia mencionadas en el texto?

a) Adoración.

b) Comunidad.

c) Negocio lucrativo.

Pregunta 6: Según el texto, ¿qué modelo de acompañamiento presenta Jesús?

a) Un modelo de autoridad absoluta.

b) Un modelo de control sobre los demás.

c) Un modelo de pastor compasivo y solidario.

Pregunta 7: ¿Qué recursos proporciona Jesús en el relato del camino a Emaús según el texto?

a) No proporciona ningún recurso.

b) Nueva comprensión de la salvación y recursos para el discipulado.

c) Solo comparte historias personales.

Aportes finales:

- Se destaca la importancia de que la iglesia sea una comunidad que promueva la salud y el bienestar en un mundo lleno de desafíos.
- Se resalta el papel fundamental de la adoración, la comunidad y la misión en la vida de la iglesia.
- Se presenta el ejemplo de Jesús como un modelo de acompañamiento pastoral, que involucra escucha activa, compasión y solidaridad.
- Se menciona la necesidad de adaptar los métodos de acompañamiento a las situaciones y contextos particulares.
- Se subraya que el objetivo del acompañamiento es la transformación y el crecimiento espiritual de las personas.
- Se destaca la creatividad y la diversidad de métodos que Jesús utilizó en su enseñanza y guía.

Recuerda que este cuestionario y los aportes finales pueden servir como una guía para evaluar el aprendizaje y enriquecer el tema en cuestión.

TEMA 2: EL ARTE DEL CONSEJO PASTORAL

Preguntas para evaluar el aprendizaje del alumno sobre el tema "El Arte del Consejo Pastoral"

Pregunta 1: Según la definición proporcionada en el texto, ¿qué es el consejo pastoral?

a) Un método para ganar poder sobre los demás.

b) Una forma especial de comunicación profesional.

c) Una manera de acompañar a personas en situaciones difíciles con sabiduría.

Pregunta 2: Según el texto, ¿cuál es el propósito principal del consejo pastoral?

a) Resolver problemas psiquiátricos.

b) Ayudar a las personas a discernir el camino sabio.

c) Proveer medicina y cuidado físico.

Pregunta 3: ¿Qué características caracterizan la relación en el consejo pastoral?

a) Una relación igualitaria entre consejero y aconsejado.

b) Una relación temporal y limitada en privacidad.

c) Una relación basada en la competencia profesional del consejero.

Pregunta 4: ¿Qué tipo de situaciones pueden ser abordadas mediante el consejo pastoral según el texto?

a) Problemas psiquiátricos.

b) Situaciones de crisis y desafíos humanos.

c) Situaciones únicamente relacionadas con la fe religiosa.

Pregunta 5: ¿Cuál de las siguientes intervenciones en consejería se enfoca en comprender y reflejar lo expresado por el aconsejado?

a) Indagatorias.

b) Reflectivas.

c) De acción.

Pregunta 6: Según el texto, ¿cuál es el objetivo no negociable del consejo pastoral?

a) Resolver todos los problemas de las personas.

b) Representar a Jesucristo y ministrar en su nombre.

c) Establecer relaciones igualitarias.

Pregunta 7: ¿Qué se entiende por "distancia óptima" en el consejo pastoral?

a) Mantener distancia física en todo momento.

b) Mantener una distancia emocional constante.

c) Ajustar la distancia según las circunstancias para un desarrollo adecuado de la relación.

Aportes finales:

- Se resalta la importancia del consejo pastoral como un proceso de acompañamiento y comunicación en situaciones de desafío y crisis.
- Se destaca el uso adecuado de las intervenciones en el consejo, como indagatorias, reflectivas, de apoyo, entre otras.
- Se enfatiza la importancia de mantener una visión Cristo-céntrica, fundamentada en la Escritura y guiada por el Espíritu Santo.
- Se menciona la colaboración triangular entre el consejero, el Espíritu divino y el espíritu humano en el proceso terapéutico.
- Se subraya la necesidad de practicar el consejo pastoral con ética y valores basados en el Reino de Dios.
- Se destaca que el objetivo final es el bienestar espiritual y la transformación de las personas.

Recuerda que este cuestionario y los aportes finales pueden servir como una guía para evaluar el aprendizaje y enriquecer el tema en cuestión.

TEMA 3: ACOMPAÑAMIENTO DE LA PAREJA

Preguntas de opción múltiple para evaluar el aprendizaje del alumno sobre el tema "Acompañamiento de la Pareja":

Pregunta 1: ¿Qué describe el pasaje de Génesis 2:24 en relación con hombres y mujeres?

a) Una naturaleza humana opuesta creada por Dios.

b) Una relación de poder en la pareja.

c) Una naturaleza humana complementaria creada por Dios.

Pregunta 2: ¿Cuál de las siguientes opciones describe la dinámica de la relación de pareja según el "Cantar de los Cantares"?

a) Idealización continua de la pareja.

b) Idealización al comienzo, pero reconocimiento de defectos con el tiempo.

c) Constante desconfianza y conflicto.

Pregunta 3: ¿Cuál de los siguientes rasgos NO es característico de una pareja saludable?

a) Idealización constante.

b) Comunicación abierta y honesta.

c) Cultivo de los recursos y puntos fuertes.

Pregunta 4: ¿Qué factores influyen en el desarrollo de una relación de pareja?

a) Modelos aprendidos en la familia de origen, clima y geografía.

b) Madurez emocional, resultados de pruebas psicológicas.

c) Modelos aprendidos en la familia de origen, madurez emocional y disposición al crecimiento.

Pregunta 5: En el método de acompañamiento propuesto, ¿cuál es el objetivo de la primera fase?

a) Identificar áreas de conflicto.

b) Encontrar soluciones inmediatas.

c) Liberar emociones asociadas al conflicto.

Pregunta 6: ¿Cuál es una causa común de conflictos en la relación conyugal?

a) Comunicación abierta y respetuosa.

b) Diferencias en valores y patrones aprendidos en la familia de origen.

c) Idealización continua de la pareja.

Pregunta 7: ¿Qué se espera lograr al comparar las listas de necesidades y aspiraciones de ambos cónyuges?

a) Identificar diferencias para resaltar los conflictos.

b) Encontrar necesidades comunes y contradictorias.

c) Generar una lista completa de problemas en la relación.

Aportes Finales:

- **Inclusión de Ejemplos:** Sería beneficioso para el aprendizaje incluir ejemplos concretos de situaciones de pareja que ilustren los conceptos discutidos, lo que podría ayudar a los alumnos a comprender mejor los conceptos abstractos.

- **Estudios de Caso:** Agregar estudios de caso reales o ficticios podría ser útil para que los alumnos apliquen los conocimientos adquiridos a situaciones prácticas y desarrollen habilidades de análisis y resolución de problemas.

- **Recursos Adicionales:** Proporcionar enlaces o referencias a recursos adicionales, como artículos, libros o videos relacionados con el tema, permitiría a los alumnos profundizar en áreas específicas que les interesen.

- **Actividades Prácticas:** Diseñar actividades prácticas, como simulaciones de consejería de pareja, debates en grupos pequeños o discusiones en clase, podría fomentar la participación activa de los alumnos y ayudarlos a aplicar los conceptos de manera interactiva.

- **Consejos para el Acompañamiento:** Proporcionar consejos prácticos y estrategias específicas para el acompañamiento de parejas en diferentes etapas de su relación podría ayudar a preparar a los alumnos para situaciones reales en su futuro ministerio.

- **Enfoque en la Diversidad:** Considerar la diversidad cultural y religiosa en las relaciones de pareja y cómo el consejo pastoral se adapta a diferentes contextos enriquecería el tema y prepararía a los alumnos para una consejería inclusiva.

- **Exploración de Ética:** Introducir debates éticos relacionados con la consejería de pareja, como la neutralidad del consejero, la confidencialidad y los límites profesionales, podría enriquecer la discusión y preparar a los alumnos para dilemas éticos en su práctica futura.

Tarea: Análisis de Caso de Acompañamiento de Pareja

Descripción de la Tarea:

En esta tarea, los alumnos deberán aplicar los conceptos aprendidos sobre el acompañamiento de parejas para analizar y ofrecer consejo en un caso de conflicto matrimonial.

- Se les proporcionará un caso ficticio que presenta desafíos en la relación de pareja.
- Los alumnos deberán analizar el caso, identificar los problemas y las posibles soluciones, y elaborar un consejo pastoral basado en los principios discutidos en el tema.

Instrucciones:

- Lee atentamente el caso ficticio de una pareja con conflictos matrimoniales que se te proporcionará.
- Identifica y analiza los problemas y desafíos que enfrenta la pareja en su relación.
- Basándote en los conceptos y principios discutidos en el tema de "Acompañamiento de la Pareja", elabora un consejo pastoral detallado para la pareja, abordando los problemas identificados.
- Fundamenta tus consejos con referencias bíblicas, teorías psicológicas o principios éticos relevantes.
- Escribe un informe detallado que incluya el análisis del caso, el consejo pastoral y las razones detrás de tus recomendaciones.

Rúbrica de Evaluación:

Criterios	Sobresaliente (4)	Bueno (3)	Aceptable (2)	Insuficiente (1)
Análisis del caso	Ofrece un análisis profundo y detallado de los problemas en la relación de pareja, identificando múltiples aspectos clave.	Analiza los problemas en la relación de pareja de manera sólida, aunque podría ser más detallado.	Proporciona un análisis básico de los problemas, pero falta profundidad y detalles.	El análisis es superficial o está ausente.
Consejo Pastoral	El consejo pastoral es completo, específico y está claramente relacionado con los principios discutidos en el tema. Incluye recomendaciones prácticas y respaldadas.	El consejo pastoral es adecuado y relevante, aunque algunos aspectos podrían ser más elaborados.	El consejo pastoral es limitado en su alcance o no está completamente conectado con los conceptos del tema.	El consejo pastoral es insuficiente o no está presente.
Fundamentación	Se proporcionan sólidas referencias bíblicas, teorías psicológicas o principios éticos para respaldar el consejo pastoral y las recomendaciones.	Se incluyen algunas referencias pertinentes, pero podrían ser más extensas y detalladas.	Las referencias son escasas o no están claramente conectadas con el consejo ofrecido.	La fundamentación es inadecuada o inexistente.
Claridad y Organización	El informe está bien organizado, presenta una estructura clara y se redacta de manera efectiva.	El informe tiene una estructura coherente y se presenta de manera clara, aunque podría haber mejoras en la organización.	La organización del informe es confusa en algunos puntos y dificulta la comprensión.	La estructura y claridad del informe son problemáticas.
Creatividad y Originalidad	El análisis y el consejo pastoral muestran un enfoque original y creativo para abordar los problemas de la pareja.	Hay ciertos elementos originales en el análisis y el consejo, pero también se utilizan enfoques convencionales.	La tarea carece de ideas originales o creativas, y se basa principalmente en enfoques convencionales.	La falta de originalidad y creatividad es evidente.
Presentación y Estilo de Escritura	El informe se presenta de manera profesional, con una redacción fluida y sin errores gramaticales significativos.	La presentación es adecuada, pero podría haber mejoras en el estilo de escritura o en la corrección gramatical.	La presentación es deficiente en términos de estilo de escritura y/o contiene errores gramaticales que dificultan la comprensión.	La presentación es descuidada y llena de errores gramaticales.

Observaciones:

Esta tarea tiene como objetivo evaluar la capacidad del alumno para aplicar los conceptos de acompañamiento de parejas en un contexto práctico, así como su capacidad para ofrecer consejo pastoral fundamentado y relevante.

- También se evalúa la organización, la fundamentación, la originalidad y la calidad de la presentación escrita del informe.

Ejemplo de Análisis de Caso de Acompañamiento de Pareja

Caso:

Carlos y Ana llevan 5 años de matrimonio. Últimamente han estado discutiendo constantemente por temas financieros y responsabilidades en el hogar. Carlos siente que Ana no está contribuyendo lo suficiente económicamente y que no valora su trabajo en casa. Ana, por su parte, se siente agobiada por las altas expectativas de Carlos y cree que él no comprende lo agotador que puede ser cuidar del hogar y de su hijo pequeño. La comunicación entre ellos se ha vuelto tensa y evitan hablar de sus problemas.

Análisis del Caso:

En este caso, se puede observar que Carlos y Ana enfrentan desafíos en la comunicación, las expectativas y la división de responsabilidades. Carlos percibe la contribución económica como un factor de valoración, mientras que Ana busca reconocimiento por su labor en el hogar. La falta de comunicación efectiva ha llevado a malentendidos y discusiones constantes.

Consejo Pastoral:

- **Comunicación Abierta:** Se recomienda que Carlos y Ana se sienten a dialogar calmadamente sobre sus sentimientos y expectativas. Deben escucharse mutuamente sin interrumpir y expresar cómo se sienten sin culpar al otro. Esto les permitirá comprender mejor sus perspectivas y evitar malentendidos.

- **Reconocimiento Mutuo:** Ambos deben reconocer y valorar las contribuciones del otro. Carlos puede reconocer el trabajo de Ana en el hogar y expresar su agradecimiento. Ana puede comprender las preocupaciones de Carlos y encontrar formas de demostrar su aprecio por su labor.

- **División de Responsabilidades:** Pueden elaborar juntos un plan para dividir las responsabilidades en el hogar y establecer expectativas realistas. Esto ayudará a evitar resentimientos y asegurará que ambos contribuyan de manera equitativa.

- **Tiempo de Calidad:** Se sugiere que Carlos y Ana reserven tiempo para compartir como pareja, sin la presencia del hijo. Esto fortalecerá su vínculo y les permitirá recordar el amor que compartieron en un principio.

- **Apoyo Externo:** Si sienten que no pueden resolver los problemas por sí mismos, pueden considerar buscar el apoyo de un consejero matrimonial o un líder religioso. Esto les proporcionaría herramientas adicionales para abordar sus conflictos.

Fundamentación:

El consejo se basa en el principio bíblico de amar y respetar al cónyuge (Efesios 5:33) y en la importancia de la comunicación efectiva en el matrimonio. Además, se toma en cuenta la necesidad de reconocimiento y apoyo mutuo para fortalecer la relación.

Presentación del Informe:

El informe debe ser redactado de manera clara y estructurada, incluyendo una introducción al caso, el análisis detallado, el consejo pastoral fundamentado y las razones detrás de cada recomendación. La presentación debe ser profesional, con corrección gramatical y estilo de escritura adecuado.

MÓDULO 8: PSICOPATOLOGÍA DE LA PAREJA, UN ACERCAMIENTO PASTORAL

TEMA 1: PSICOPATOLOGÍA EN LA PAREJA

Preguntas para evaluar el aprendizaje del alumno sobre el tema de Psicopatología en la Pareja.

Cuestionario: Psicopatología en la Pareja

Pregunta 1: ¿Cómo se define la codependencia en el contexto de las relaciones de pareja?

a) Una forma de comunicación efectiva entre los miembros de la familia.

b) Conductas autodestructivas que resultan en relaciones amorosas estables.

c) Patrones de comportamiento adaptativo en situaciones de estrés.

Pregunta 2: ¿Qué característica describe al apego ansioso en las relaciones de pareja?

a) Sentimiento de seguridad y confianza en la relación.

b) Ausencia total de preocupación por la separación.

c) Constante ansiedad ante la posibilidad de separación.

Pregunta 3: ¿Qué se entiende por "dependencia emocional" en las relaciones de pareja?

a) Una relación donde ambas partes son independientes emocionalmente.

b) Satisfacción de necesidades emocionales de manera saludable.

c) Satisfacción inadaptativa de necesidades emocionales a través de otras personas.

Pregunta 4: ¿Cuál es uno de los efectos de la codependencia en las relaciones de pareja?

a) Establecimiento de límites saludables.

b) Incapacidad para iniciar o mantener relaciones amorosas estables.

c) Incremento de la autoestima y confianza en uno mismo.

Pregunta 5: ¿Cuál es una característica clave del apego ansioso en las relaciones adultas?

a) Sensación de seguridad y tranquilidad en la relación.

b) Temor a perder a la persona amada y búsqueda constante de proximidad.

c) Desinterés por la cercanía emocional con la pareja.

Pregunta 6: ¿En qué se diferencia la codependencia de la dependencia emocional en las relaciones de pareja?

    a) La codependencia se centra en la necesidad de afecto, mientras que la dependencia emocional busca la autodestrucción.

    b) Ambos términos son sinónimos y se pueden usar indistintamente.

    c) La dependencia emocional se refiere a la necesidad de controlar la conducta de otras personas.

Pregunta 7: ¿Cuál es una posible consecuencia de los patrones de relación psicopatológicos en la pareja?

    a) Fortalecimiento de la comunicación y la confianza en la relación.

    b) Fomento de relaciones amorosas saludables y equilibradas.

    c) Riesgo de violencia en la pareja o violencia intrafamiliar.

Aportes Finales:

Para enriquecer el tema de Psicopatología en la Pareja, sería valioso explorar casos de estudio reales que ejemplifiquen los patrones de relación mencionados y cómo pueden conducir a situaciones de violencia. Además, se podría discutir estrategias terapéuticas específicas para abordar cada uno de estos patrones y promover relaciones más saludables. También sería útil analizar cómo los enfoques de prevención y educación pueden ayudar a detectar estos patrones tempranamente y prevenir posibles situaciones problemáticas en las relaciones de pareja.

TEMA 2: ESTRUCTURA Y RAZGO DE LA PERSONALIDAD

Preguntas para evaluar el aprendizaje del alumno sobre el tema de Estructura y Rasgo de la Personalidad

Pregunta 1: ¿Según Sigmund Freud, cuáles son las tres categorías en las que clasificó a los seres humanos?
   a) Neuróticos, psicóticos y perversos.
   b) Normales, neuróticos y psicóticos.
   c) Adaptativos, desadaptados y perversos.

Pregunta 2: ¿Cómo se construye la personalidad según Freud?
   a) A través de la satisfacción total de impulsos instintivos.
   b) Mediante la conciliación entre impulsos instintivos y límites sociales.
   c) Por medio de la represión de impulsos instintivos.

Pregunta 3: ¿Qué son el ello, el yo y el super-yo en la teoría de Freud?
   a) Aspectos de la personalidad que están en constante conflicto.
   b) Niveles de desarrollo de la estructura psicopatológica.
   c) Conceptos teóricos que ayudan a comprender la dinámica del psiquismo.

Pregunta 4: ¿Qué distingue a la neurosis de la psicosis según Freud?
   a) La neurosis se caracteriza por la negación de la realidad, mientras que la psicosis la sustituye.
   b) En la neurosis el sujeto se exilia de la realidad, mientras que en la psicosis no se resuelve el conflicto entre el ello y el super-yo.
   c) La neurosis implica estados de culpa y ansiedad, mientras que la psicosis implica la construcción de una realidad alternativa.

Pregunta 5: ¿Qué define a la estructura perversa según la teoría psicoanalítica?

a) La sustitución de la realidad por una construcción alternativa.

b) La falta de conflicto entre el ello y el super-yo.

c) La negación total de la realidad socialmente admitida.

Pregunta 6: ¿Qué es la renegación en la estructura perversa?

a) La negación de la realidad y la formación de una nueva realidad.

b) El proceso de aceptar la pérdida y seguir adelante.

c) La negación de la realidad a pesar de conocerla, en contraste con el psicótico que desconoce la realidad.

Pregunta 7: ¿Cuál es una característica de la sustitución del objeto en la perversión?

a) Utilización de objetos naturales como satisfacción de instintos.

b) Sustitución de objetos para evitar la culpa y el castigo.

c) Fijación en el objeto último natural sin sustituciones.

Aportes Finales:

- Para enriquecer el tema de Estructura y Rasgo de la Personalidad, podrías profundizar en ejemplos clínicos de cada una de las estructuras mencionadas, para ilustrar cómo se manifiestan en la vida real.
- También podría ser interesante explorar la relación entre la estructura de la personalidad y el desarrollo de trastornos mentales más específicos, como el trastorno obsesivo-compulsivo o la esquizofrenia.
- Además, podrías incluir información sobre enfoques terapéuticos que se utilizan para abordar cada una de las estructuras y cómo se trabaja en el cambio y la transformación de patrones de pensamiento y comportamiento disfuncionales.

Tarea: Análisis de Caso y Reflexión sobre Estructuras de Personalidad

Descripción de la Tarea:

Investiga y analiza un caso real o ficticio en el que puedas identificar y aplicar los conceptos de estructura y rasgo de la personalidad según lo aprendido en el Tema 2.

- Puedes elegir un caso de una película, serie, libro, noticia u otra fuente relevante. Luego, realiza una reflexión escrita en la que apliques los conceptos teóricos para analizar las características de la personalidad del individuo en el caso, identificar su posible estructura de personalidad y explicar cómo esta estructura puede haber influido en sus acciones y comportamientos.

Pasos a seguir:

- **Elige un caso:** Selecciona un caso real o ficticio que te interese y que sea relevante para el tema de estructura y rasgo de la personalidad. Puede ser un personaje de una película, serie, libro, noticia, etc.

- **Analiza el caso:** Examina detenidamente el caso y busca evidencias que te permitan identificar características de la personalidad del individuo. Observa cómo sus acciones y comportamientos podrían relacionarse con conceptos como el ello, el yo y el super-yo, así como con posibles estructuras de personalidad (neurosis, psicosis, perversión).

- **Escribe la reflexión:** Redacta un ensayo en el que describas el caso que elegiste, presentes las características de la personalidad del individuo y apliques los conceptos teóricos aprendidos para analizar su estructura de personalidad. Explica cómo esta estructura puede haber influido en sus acciones y decisiones, así como en la forma en que se relaciona con los demás y con el entorno.

Rúbrica de Evaluación:

Criterio	Excelente (4)	Bueno (3)	Aceptable (2)	Insuficiente (1)
Análisis del caso	El caso se analiza en profundidad, se identifican claramente las características de la personalidad y se establece una conexión sólida con los conceptos teóricos.	El caso se analiza de manera adecuada, se identifican las principales características de la personalidad y se establece una conexión con los conceptos teóricos.	El análisis del caso es básico, algunas características de la personalidad son mencionadas y se establece una conexión general con los conceptos teóricos.	El análisis del caso es limitado, las características de la personalidad no se identifican claramente y la conexión con los conceptos teóricos es débil o inexistente.
Aplicación de conceptos teóricos	Se aplican de manera profunda y precisa los conceptos de estructura y rasgo de la personalidad para analizar el caso.	Se aplican de manera adecuada los conceptos de estructura y rasgo de la personalidad para analizar el caso.	Se aplican de manera básica los conceptos de estructura y rasgo de la personalidad para analizar el caso.	La aplicación de los conceptos es limitada o incorrecta.
Reflexión y explicación	La reflexión es profunda y coherente, se explican claramente las influencias de la estructura de personalidad en las acciones y comportamientos del individuo.	La reflexión es adecuada, se explican las influencias de la estructura de personalidad en las acciones y comportamientos del individuo.	La reflexión es básica, se mencionan algunas influencias de la estructura de personalidad en las acciones y comportamientos del individuo.	La reflexión es limitada o confusa, no se explican claramente las influencias de la estructura de personalidad.
Organización y redacción	La tarea está organizada de manera clara y coherente, la redacción es fluida y sin errores significativos.	La tarea está organizada de manera adecuada, la redacción es clara y contiene pocos errores.	La organización de la tarea es básica, la redacción es comprensible pero puede contener algunos errores.	La organización y redacción son deficientes, dificultan la comprensión del contenido.
Uso de fuentes y ejemplos adicionales	Se utilizan fuentes adicionales de manera adecuada para respaldar el análisis y la reflexión. Se presentan ejemplos claros y relevantes.	Se utilizan algunas fuentes adicionales para respaldar el análisis y la reflexión. Se presentan ejemplos relevantes.	Se utilizan fuentes adicionales de manera limitada. Los ejemplos presentados son escasos o poco relevantes.	No se utilizan fuentes adicionales ni se presentan ejemplos relevantes.

| Cumplimiento de las instrucciones y formato | Se cumplen todas las instrucciones y el formato requerido para la tarea. | Se cumplen la mayoría de las instrucciones y el formato requerido para la tarea. | Se cumplen parcialmente las instrucciones y el formato requerido para la tarea. | No se cumplen las instrucciones ni el formato requerido para la tarea. |

Observaciones:

En esta tarea, se espera que el alumno demuestre su comprensión de los conceptos de estructura y rasgo de la personalidad aplicándolos en el análisis de un caso específico.

- La rubrica de evaluación proporciona criterios claros para valorar el análisis, la aplicación de conceptos teóricos, la reflexión y explicación, la organización y redacción, así como el uso de fuentes y ejemplos adicionales.
- La tarea busca fomentar la habilidad del alumno para vincular la teoría con situaciones concretas y desarrollar su capacidad de análisis crítico y reflexión.

Ejemplo de Análisis de Caso y Reflexión sobre Estructuras de Personalidad

Caso:

Emily es una joven de 25 años que trabaja como diseñadora gráfica.

- Tiene un círculo cercano de amigos y una familia que la apoya.
- Sin embargo, desde hace varios meses, Emily ha estado experimentando episodios de ansiedad intensa y ataques de pánico.
- A menudo se siente abrumada por pensamientos negativos sobre su desempeño en el trabajo y sus relaciones personales.
- A pesar de sus logros, nunca se siente satisfecha y se esfuerza constantemente por ser perfecta en todo lo que hace.

Análisis del Caso:

Emily presenta características de una estructura de personalidad neurótica.

- Su constante búsqueda de perfección, su autoexigencia y sus episodios de ansiedad sugieren una lucha interna entre el ello y el super-yo.
- El yo de Emily parece estar atrapado entre sus impulsos de búsqueda de placer y su temor a no cumplir con los estándares idealizados de su super-yo.

- Esto ha llevado a un conflicto interno que se manifiesta en su ansiedad y sus ataques de pánico.

Aplicación de Conceptos Teóricos:

El concepto de super-yo es evidente en la tendencia de Emily a autoexigirse demasiado y a sentirse constantemente insatisfecha con sus logros.

- Su super-yo le impone estándares imposiblemente altos y la culpa intensamente por cualquier percepción de falla.
- Esto se refleja en su constante ansiedad y en su búsqueda de perfección en todas las áreas de su vida.
- Por otro lado, su ello busca placer y satisfacción, pero está restringido por las demandas implacables de su super-yo.

Reflexión y Explicación:

La estructura neurótica de Emily parece estar exacerbada por sus patrones de pensamiento y comportamiento.

- La constante lucha entre su deseo de satisfacción y su temor a la culpa la ha llevado a un estado de ansiedad crónica.
- Si bien su super-yo puede estar enraizado en expectativas y estándares externos, también podría tener raíces en experiencias pasadas que influyen en su autoestima y su sentido de valía.
- Su estructura de personalidad neurótica ha influido en su forma de percibir el mundo y en cómo interactúa con él, contribuyendo a sus ataques de pánico y a su búsqueda incesante de perfección.

Uso de Fuentes y Ejemplos Adicionales:

Los conceptos de estructura y rasgo de la personalidad son consistentes con la descripción de Emily.

- Varios estudios en psicología han explorado cómo las estructuras de personalidad pueden manifestarse en patrones de pensamiento y comportamiento, lo que respalda la interpretación del caso de Emily como neurótica.

- Por ejemplo, la investigación de Freud y otros psicoanalistas sobre la influencia del super-yo en la personalidad proporciona una base teórica sólida para entender los desafíos de Emily.

Observaciones:

Este ejemplo muestra cómo aplicar los conceptos teóricos de estructura y rasgo de la personalidad para analizar un caso concreto.

- Se identifican características clave, se aplican conceptos teóricos y se reflexiona sobre cómo la estructura de personalidad puede influir en los comportamientos y las emociones del individuo.
- Es importante recordar que cada caso puede ser único, por lo que la interpretación puede variar en función de las circunstancias específicas del individuo.

TEMA 3: UNA REFLEXIÓN BÍBLICA SOBRE LA SALUD MENTAL

Cuestionario sobre Tipología Humana y Herejías

1. ¿En la Parábola del Sembrador, cuántos terrenos diferentes menciona Jesucristo como representación de las formas en que se puede estructurar el sujeto humano?

a) Tres terrenos

b) Cuatro terrenos

c) Cinco terrenos

2. ¿Qué caracteriza al terreno del camino en la Parábola del Sembrador?

a) Es fértil y produce abundante fruto.

b) Está lleno de espinos y obstáculos.

c) Es pedregoso y poco profundo.

3. ¿Cuál de las siguientes afirmaciones es verdadera sobre la tipología humana?

a) Cada ser humano es idéntico en su estructura psíquica.

b) No existen diferencias entre los distintos tipos de terrenos mencionados por Jesucristo.

c) Cada sujeto humano tiene una estructura predominante, pero también puede tener rasgos de otras estructuras.

4. ¿Qué significa que un sujeto humano esté sujeto por su dimensión inconsciente?

a) Está libre de cualquier influencia psicológica.

b) Su personalidad es totalmente consciente y predecible.

c) Sus reacciones y comportamientos pueden ser influenciados por motivaciones inconscientes.

5. ¿Qué es la herejía espiritualista?

a) Enfatizar la importancia de la vida material sobre la espiritual.

b) Enfocarse exclusivamente en la dimensión espiritual y negar la realidad material.

c) Considerar que la mente es la única forma válida de expresión humana.

6. ¿Qué es la herejía materialista?

a) Negar la existencia de Dios y enfocarse únicamente en la realidad material.

b) Exaltar la importancia del espíritu sobre la materia.

c) Enfatizar la importancia de la vida material pero reconociendo la presencia de lo espiritual.

7. ¿Qué se destaca como una forma de herejía psicologista?

a) Enfatizar la importancia de la mente y la razón sobre las emociones.

b) Considerar que la psicología es la única ciencia válida para comprender al ser humano.

c) Negar la existencia de la mente y enfocarse exclusivamente en las emociones.

Aportes Finales para el Enriquecimiento del Tema:

- Profundizar en ejemplos bíblicos de personajes que exhiben distintas estructuras psíquicas y cómo estas influenciaron sus acciones y decisiones.
- Explorar cómo las estructuras de personalidad pueden influir en la forma en que las personas experimentan y practican su fe religiosa.
- Analizar cómo las herejías históricas han surgido como resultado de enfocarse en partes específicas de la verdad revelada, ignorando otros aspectos importantes.
- Reflexionar sobre cómo un enfoque equilibrado en la comprensión de la naturaleza humana y la enseñanza religiosa puede contribuir a un crecimiento espiritual más completo.

TEMA 4: LAS PSICOPATOLOGÍAS EN LA IGLESIA

Cuestionario sobre Psicopatologías en la Iglesia

1. ¿Cuál es uno de los niveles de psicopatología en el mundo de la Iglesia que se menciona?

a) Patologías inconscientes en la comunidad local.

b) Patologías causadas por falta de oración.

c) Patologías relacionadas con la falta de lectura de la Biblia.

2. Según el texto, ¿qué es lo que suele faltar en algunos casos de psicopatología en la Iglesia?

a) Consagración

b) Oración

c) Salud mental adecuada

3. ¿Cuál es uno de los objetivos de sanar la iglesia, según el texto?

a) Mostrar una cara auténtica al mundo.

b) Buscar una espiritualidad fuera de la iglesia.

c) Atraer a más miembros a la Iglesia Católica.

4. ¿Qué se destaca como una característica de las personas con estructuras psicopatológicas en la iglesia?

a) Son fácilmente identificables por su comportamiento extremo.

b) Pueden ser considerados como "raros" o difíciles de tratar.

c) Siempre necesitan internación psiquiátrica.

5. ¿Qué se menciona sobre el grupo de neuróticos en las congregaciones evangélicas?

a) Son una minoría en las congregaciones.

b) Pueden llegar a ser psicóticos con el tiempo.

c) Son conocidos por tener sentimientos de culpa exagerados.

6. ¿Qué caracteriza a las personalidades perversas o psicópatas según el texto?

    a) Tienen una profunda capacidad de empatía.

    b) No se adaptan a la realidad y carecen de escrúpulos.

    c) Son expertos en aprender de la experiencia.

7. ¿Qué libro se menciona como una fuente para ampliar el conocimiento sobre el abuso del poder en la Iglesia?

    a) "Espiritualidad y Poder en la Iglesia"

    b) "Psicopatologías en la Vida Eclesial"

    c) "Dictadores Espirituales, El Abuso del Poder en la Iglesia"

Aportes Finales:

- Investigar y analizar casos históricos de abuso de poder en contextos eclesiásticos y cómo se abordaron desde el punto de vista psicológico y religioso.
- Explorar estrategias de prevención y apoyo para la salud mental en comunidades religiosas, destacando la importancia de abordar las necesidades psicológicas de los miembros.
- Reflexionar sobre la relación entre liderazgo espiritual y salud mental en la Iglesia, y cómo se puede fomentar un ambiente saludable y equilibrado.
- Analizar cómo la formación psicológica y ética de los líderes religiosos puede contribuir a la prevención de situaciones de abuso de poder y psicopatologías en la Iglesia.

TEMA 5: EL DIOS DE LA SALUD

Cuestionario sobre "El Dios de la Salud"

1. ¿Qué frase representa el nombre "Jehová Rapha" en Éxodo 15:26-27?

    a) El Señor Protector

    b) El Señor Sanador

    c) El Señor Creador

2. Según 2 Timoteo 3:16-17, ¿para qué es útil la Palabra de Dios?

    a) Para entretenimiento

    b) Para redargüir y castigar

    c) Para enseñar y preparar para toda buena obra

3. ¿Qué significa "psiquiatría" según el texto?

    a) Tratamiento de enfermedades físicas

    b) Tratamiento de problemas espirituales

    c) Tratamiento de problemas mentales

4. Según el texto, ¿qué demanda la idolatría?

    a) Pureza en la adoración a Dios

    b) Adorar a múltiples dioses

    c) Ignorar las leyes de Dios

5. ¿Qué se menciona sobre el día de reposo?

    a) Se cambió del sábado al domingo por Jesús

    b) Descansar un día previene problemas de salud

    c) Es un día para trabajar sin descanso

6. ¿Qué característica se destaca en la enseñanza de Jesús a Nicodemo?

   a) Terapia de confrontación

   b) Terapia de asociación de palabras

   c) Terapia de confrontación y asociación de palabras

7. ¿Qué se enfatiza sobre el Espíritu Santo en relación con la salud mental?

   a) El Espíritu Santo no tiene influencia en la salud mental.

   b) El Espíritu Santo revela la necesidad espiritual del ser humano.

   c) El Espíritu Santo solo se relaciona con el conocimiento de Dios.

Aportes Finales:

- Explorar más profundamente cómo los principios y consejos bíblicos pueden aplicarse en situaciones contemporáneas de salud mental.
- Analizar cómo la consejería bíblica puede integrarse con enfoques terapéuticos modernos para una sanidad integral.
- Investigar ejemplos concretos de cómo la Biblia ha sido utilizada en la consejería para promover la salud mental y el bienestar.
- Profundizar en cómo los conceptos de amor, comprensión y perdón presentes en la Biblia pueden contribuir a la mejora de la salud mental en las personas y comunidades.
- Reflexionar sobre cómo la fe en Dios y la comprensión de Su naturaleza pueden impactar positivamente la salud mental y emocional.

MÓDULO 9: LA FAMILIA FORMADORA DE LA PERSONALIDAD

TEMA 1: LA PERSONALIDAD, CONCEPTO Y DEFINICIÓN

Cuestionario sobre el tema "La Personalidad: Concepto y Definición"

1. ¿Cuál de los siguientes enunciados describe mejor la definición de personalidad?

A) Conjunto de objetos y posesiones de una persona.

B) Conjunto de rasgos y cualidades que configuran la manera de ser de una persona.

C) Conjunto de actividades diarias de una persona.

2. ¿Qué factor determinante de la personalidad se refiere a las características heredadas de los padres?

A) Afecto

B) Temperamento

C) Herencia

3. El temperamento se define como:

A) La forma en que una persona expresa sus emociones.

B) El conjunto de actividades y comportamientos de una persona.

C) Las particularidades que diferencian a los individuos y sus reacciones ante estímulos.

4. Las emociones son:

A) Heredadas y permanentes.

B) La forma de expresión del intelecto.

C) La expresión del temperamento y pueden ser educadas.

5. ¿Qué se entiende por "impulsos" en la personalidad?

A) Inhibiciones sociales en el comportamiento.

B) Instintos naturales que demandan satisfacción.

C) Características de inteligencia innata.

6. ¿Cuál de los siguientes no es un factor externo que influye en la personalidad?

A) Medio ambiente vital

B) Medio ambiente social

C) Color de cabello heredado

7. ¿Qué aspecto influye y modifica la personalidad y se define como la capacidad de pensar, entender y aprender?

A) Carácter

B) Emociones

C) Intelecto

Aportes finales:

- Es esencial comprender que la personalidad no es estática, sino que puede ser influenciada y modificada a lo largo de la vida.
- La educación emocional y la gestión de las emociones pueden tener un impacto significativo en el desarrollo y modificación del temperamento.
- El entorno en el que una persona se desenvuelve, incluyendo factores éticos y culturales, también juega un papel crucial en la formación de la personalidad.
- Reconocer la importancia del equilibrio entre la perspectiva que tenemos de nosotros mismos, la percepción de los demás y la realidad de lo que realmente somos puede contribuir a un mayor autoconocimiento y crecimiento personal.
- La renovación mental, como sugiere el pasaje bíblico citado, destaca la necesidad de transformar nuestra forma de pensar para alinearnos con una perspectiva más saludable y constructiva de la vida.

TEMA 2: LA FAMILIA FORMADORA DE LA PERSONALIDAD

Cuestionario sobre el tema "La Familia Formadora de la Personalidad"

1. ¿Cuál de las siguientes expresiones es más acertada?

A) Algunas personas carecen de personalidad.

B) Todas las personas tienen personalidad.

C) Solo algunas personas tienen mucha personalidad.

2. ¿Cuáles son los tres factores que conforman la personalidad?

A) Herencia, valores y habilidades.

B) Temperamento, carácter y experiencias.

C) Afecto, educación y ambiente.

3. ¿Qué papel desempeña la familia en la formación de la personalidad?

A) Solo influye en la salud mental y emocional.

B) No tiene impacto en los valores y la autoestima.

C) Puede influir en aspectos como independencia, valores y salud.

4. ¿Cuál de las siguientes características familiares puede llevar a la distorsión de la personalidad de un niño?

A) Relaciones saludables entre los padres.

B) Padres con emociones bien ajustadas.

C) Padres sobreprotectores o violentos.

5. ¿Qué cualidad o habilidad se refiere a "hacerlo como yo mando" y suele resultar en hijos con baja autoestima?

A) Estilo autocrático.

B) Estilo permisivo.

C) Estilo relacional.

6. ¿Qué estilo de paternidad equilibra el control y el apoyo, estableciendo reglas claras y demostrando amor?

    A) Estilo autocrático.

    B) Estilo permisivo.

    C) Estilo relacional.

7. ¿Cuál es una recomendación para ayudar a un padre a ser más relacional en su crianza?

    A) Evitar cualquier tipo de límites o reglas.

    B) Ignorar las necesidades emocionales de los hijos.

    C) Aceptar el ejemplo de Dios y buscar crecimiento personal.

Aportes finales:

- La formación de la personalidad en la familia es un proceso complejo que involucra factores biológicos, psicológicos y sociales.
- El equilibrio entre amor y límites en la crianza es fundamental para el desarrollo saludable de los hijos.
- Los padres deben estar dispuestos a reconocer sus propias debilidades y buscar el crecimiento personal para mejorar su estilo de crianza.
- La reflexión sobre los estilos de paternidad puede ayudar a los padres a tomar decisiones más conscientes y beneficiosas para la formación de la personalidad de sus hijos.

Tarea: Análisis de Estilos de Paternidad y su Impacto en la Personalidad

Descripción:

- Investiga y reflexiona sobre los diferentes estilos de paternidad abordados en el tema "La Familia Formadora de la Personalidad".
- Luego, crea un ensayo o presentación en la que analices cómo cada estilo de paternidad puede influir en la formación de la personalidad de los hijos.
- Proporciona ejemplos y argumentos sólidos para respaldar tus afirmaciones.

Pasos a seguir:
- Investiga los cuatro estilos de paternidad: autocrático, permisivo, indiferente y relacional. Comprende sus características y cómo impactan la relación entre padres e hijos.
- Reflexiona sobre las implicaciones de cada estilo de paternidad en el desarrollo de la personalidad de los hijos. ¿Cómo afecta su autoestima, habilidades sociales y emocionales, toma de decisiones, etc.?
- Elabora un ensayo o presenta tus hallazgos en una presentación. Organiza tus ideas de manera clara y estructurada.
- Utiliza ejemplos y casos reales para respaldar tus argumentos. Pueden ser ejemplos de la vida cotidiana, personajes famosos u otras fuentes confiables.
- Proporciona recomendaciones y consejos para que los padres puedan adoptar un enfoque más relacional en la crianza de sus hijos.

Ejemplo de Ensayo: "Estilos de Paternidad y su Impacto en la Personalidad"

La crianza de los hijos es un proceso que deja una huella profunda en su personalidad y desarrollo.
- Los diferentes estilos de paternidad tienen un impacto significativo en cómo los niños crecen y se convierten en adultos.
- En este ensayo, exploraremos los cuatro estilos de paternidad - autocrático, permisivo, indiferente y relacional - y analizaremos cómo cada uno de ellos influye en la formación de la personalidad de los hijos.

El estilo autocrático se caracteriza por un control excesivo y la imposición de reglas rígidas.
- Los padres que adoptan este estilo buscan mantener el orden y la disciplina, pero a menudo carecen de la demostración de afecto.
- Esto puede llevar a hijos con baja autoestima, ya que no se sienten amados ni aceptados por quienes son. Además, estos hijos pueden desarrollar rebeldía y problemas para tomar decisiones por sí mismos, ya que no se les permite expresar su individualidad.

El estilo permisivo, por otro lado, se centra en brindar apoyo y afecto, pero carece de límites y reglas claras.

- Los padres permisivos permiten que los hijos hagan lo que quieran, lo que puede resultar en una falta de autocontrol y responsabilidad.
- Estos hijos pueden tener dificultades para manejar la frustración y adaptarse a las normas sociales, ya que no han experimentado límites apropiados en casa.

El estilo indiferente o descuidado implica la falta de control y afecto por parte de los padres.

- Estos padres pueden estar ausentes emocionalmente o físicamente, lo que deja a los hijos sin guía ni apoyo.
- Los niños criados en este entorno pueden desarrollar inseguridades, problemas emocionales y buscar la atención que les falta de manera inapropiada.

Por otro lado, el estilo relacional busca un equilibrio entre el control y el apoyo.

- Los padres relacionales establecen límites claros, pero también muestran amor y aceptación incondicional.
- Este estilo promueve una relación basada en la comunicación abierta y la confianza mutua.
- Los hijos criados de manera relacional tienden a tener una autoestima saludable, habilidades sociales desarrolladas y la capacidad de tomar decisiones informadas.

En conclusión, la crianza de los hijos desempeña un papel crucial en la formación de su personalidad.

- Los estilos de paternidad autocrático, permisivo, indiferente y relacional tienen efectos diversos en cómo los hijos se desarrollan emocional, social y mentalmente.
- Optar por un enfoque relacional puede ser clave para criar hijos equilibrados y seguros de sí mismos, capaces de enfrentar los desafíos de la vida con confianza y madurez.

TEMA 3: LEGADO DE BENDICIÓN O MALDICIÓN A LOS NIÑOS

Cuestionario de Evaluación sobre "Legado de Bendición o Maldición a los Niños"

Pregunta 1: ¿Qué significa la palabra hebrea "Berakah" en relación a la bendición?

    a) Una expresión de agradecimiento.

    b) Una transmisión del poder de la bondad y el favor de Dios.

    c) Un saludo tradicional.

Pregunta 2: ¿Cuál es uno de los propósitos de transmitir la bendición a los hijos?

    a) Impartirles valores tradicionales.

    b) Romper con las maldiciones generacionales.

    c) Convertirlos en líderes destacados.

Pregunta 3: ¿Qué recomendación se da para transmitir la bendición a los hijos desde temprana edad?

    a) Impartir lecciones académicas.

    b) Compartir historias de la familia.

    c) Bendecir con palabras positivas y enseñar su identidad en Cristo.

Pregunta 4: Según el ejemplo de Abraham, ¿qué acciones realizó para bendecir a su hijo?

    a) Lo reprendió en caso de desobediencia.

    b) Le prohibió salir de casa.

    c) Lo consagró a Dios, le enseñó obediencia y lo enseñó a adorar.

Pregunta 5: ¿Qué indica la Biblia sobre el poder de las palabras negativas?

    a) Tienen un efecto neutral en las personas.

    b) Pueden ser inofensivas si se dicen en tono de broma.

    c) Tienen poder destructivo y pueden afectar a las personas.

Pregunta 6: ¿Cuál fue uno de los errores en la paternidad de Elí que condujo a la maldición?

    a) Fue demasiado estricto con sus hijos.

    b) Permitió que sus hijos pecaran contra Dios.

    c) Los alabó y honró más que a Dios.

Pregunta 7: ¿Qué se sugiere como una manera efectiva de dejar un legado de bendición a los hijos?

    a) Acumular bienes materiales para ellos.

    b) Ser fiel y obediente a Dios.

    c) Dejarles un testamento detallado.

TEMA 4: LAS NECESIDADES DE LOS NIÑOS Y ADOLESCENTES

Cuestionario de Evaluación sobre "Las Necesidades de los Niños y Adolescentes"

Pregunta 1: Según el Psic. Abraham Marslow, ¿cómo se pueden agrupar las necesidades de los niños y adolescentes?

    a) Necesidades físicas y emocionales.

    b) Necesidades básicas y necesidades de lujo.

    c) Necesidades básicas y necesidades de orden superior.

Pregunta 2: ¿Qué necesidad alimenta la personalidad y forma valores en los niños y adolescentes?

    a) Necesidad de seguridad.

    b) Necesidad de autorrealización.

    c) Necesidad de Dios.

Pregunta 3: ¿Cuál es una de las consecuencias de satisfacer la necesidad de amor y pertenencia en los adolescentes?

    a) Generarles independencia emocional.

    b) Fortalecer su autoestima y sentido de identidad.

    c) Hacer que busquen la soledad.

Pregunta 4: ¿Qué implica la necesidad de autoestima en los adolescentes?

    a) Sentirse importante y capaz.

    b) Conformarse con la mediocridad.

    c) No preocuparse por los logros personales.

Pregunta 5: ¿Cómo influyen los padres en la necesidad de respeto por parte de otros en los adolescentes?

    a) Los padres no influyen en esta necesidad.

    b) Los padres son un espejo en el que el adolescente se refleja.

    c) Los padres deben ignorar las inquietudes del adolescente.

Pregunta 6: ¿Qué impulsa la necesidad de autorrealización en los adolescentes?

    a) El deseo de independencia financiera.

    b) El anhelo de ser todo lo que son capaces de ser.

    c) La necesidad de encajar en la sociedad.

Pregunta 7: ¿Por qué es importante establecer límites y disciplina en la vida de los adolescentes?

    a) Para restringir su libertad y creatividad.

    b) Para hacerlos sentir inseguros.

    c) Para enseñarles autocontrol y mantener una existencia feliz.

Aportes Finales:

- Fomentar la comprensión y empatía hacia las necesidades de los niños y adolescentes.
- Promover la comunicación abierta y el respeto mutuo en la familia.
- Brindar herramientas y estrategias para establecer límites y disciplina de manera efectiva.
- Concienciar sobre la importancia de satisfacer tanto las necesidades básicas como las de orden superior.
- Explorar cómo las dinámicas familiares influyen en el desarrollo de los niños y adolescentes.

MÓDULO 10: INTERVENCIÓN EN CRISIS FAMILIARES

TEMA 1: LA CRISIS FAMILIA

Cuestionario de Evaluación sobre el Tema "La Crisis Familiar"

1. ¿Cuál es la base del funcionamiento de la familia según la Biblia?

   a) Respeto mutuo

   b) Comunicación efectiva

   c) Amor y relación entre los miembros de la familia

2. ¿Cuál es la importancia de seguir las reglas básicas establecidas por Dios en las relaciones familiares?

   a) Evitar problemas de salud mental

   b) Fortalecer la unidad familiar

   c) Cumplir con tradiciones familiares

3. ¿Qué tipo de crisis es caracterizada por situaciones inesperadas y repentinas?

   a) Crisis normativa

   b) Crisis evolutiva

   c) Crisis circunstancial

4. ¿Qué etapa del ciclo de vida familiar involucra la entrada a la adolescencia y la inserción en la etapa adulta?

   a) Etapa de Dispersión

   b) Etapa de Independencia

   c) Etapa de la Vida de Pareja

5. ¿Cuál de las siguientes no es una característica de una crisis circunstancial?

   a) Es repentina

   b) Es predecible

   c) Es urgente

6. ¿Cómo se clasifican los conflictos familiares según la gravedad del problema?

    a) Disputas leves, discusiones graves y problemas estructurales

    b) Problemas económicos, problemas de salud y problemas de comunicación

    c) Problemas de hermanos, problemas en la pareja y problemas con amigos

7. ¿Qué consejo es fundamental para resolver problemas entre hermanos?

    a) Ignorar el conflicto y esperar que se resuelva solo

    b) Fomentar la comunicación abierta y asertiva entre ellos

    c) Evitar el contacto entre hermanos para evitar conflictos

Aportes finales:

- El tema de la crisis familiar es complejo y recurrente en la vida de las personas. Es importante comprender que los problemas son normales, pero la forma en que se aborden es crucial para mantener la armonía en la familia.
- Fomentar la comunicación abierta y el respeto mutuo es esencial para prevenir y resolver conflictos en la familia.
- Reconocer y validar las crisis como problemas potenciales dentro de la familia es el primer paso para abordarlas de manera efectiva.
- La comprensión de las etapas del ciclo de vida familiar puede ayudar a anticipar y manejar mejor las crisis normativas y evolutivas.
- La cooperación y el apoyo entre los miembros de la familia son fundamentales para superar crisis paranormativas y eventos externos que afecten a la familia.
- Las habilidades de resolución de conflictos y la inteligencia emocional son herramientas valiosas para enfrentar los problemas familiares de manera saludable.
- Buscar ayuda profesional, como terapeutas familiares, puede ser beneficioso en situaciones de crisis intensas para facilitar la resolución y el crecimiento personal y familiar.

TEMA 2: SOLUCIÓN DE PROBLEMAS FAMILIARES

Cuestionario para evaluar el aprendizaje del alumno sobre el contenido "Solución de Problemas Familiares":

Pregunta 1: ¿Qué puede causar conflictos familiares?
   a) Problemas de confianza.
   b) Cambio de circunstancias.
   c) Comunicación efectiva.

Pregunta 2: ¿Cuál de las siguientes NO es una estrategia para resolver conflictos familiares?
   a) Negociar.
   b) Ignorar el problema.
   c) Encontrar puntos en común.

Pregunta 3: ¿Qué se puede lograr al ver un conflicto desde la perspectiva del otro?
   a) Aumentar la tensión.
   b) Obtener claridad y comprensión.
   c) Evitar la comunicación.

Pregunta 4: ¿Cuál es una categoría de crisis familiar basada en cambios evolutivos?
   a) Desgracias inesperadas.
   b) Crisis estructurales.
   c) Crisis de desarrollo.

Pregunta 5: ¿Qué debe hacer una familia durante una crisis de desarrollo?
   a) Evitar cualquier cambio.
   b) Adaptarse al nuevo estadio de desarrollo.
   c) Ignorar por completo la situación.

Pregunta 6: ¿Cuál de las siguientes es una característica de las crisis estructurales?

    a) Son fáciles de manejar.

    b) Buscan promover el cambio.

    c) Impiden el cambio y repiten patrones.

Pregunta 7: ¿En qué tipo de crisis de desvalimiento pueden depender los miembros de ayuda externa?

    a) Crisis emocionales.

    b) Crisis de comunicación.

    c) Crisis de dependencia.

Aportes finales:

- **Dinámicas Familiares:** Explora cómo las dinámicas familiares, roles y jerarquías pueden influir en la aparición y resolución de conflictos.
- **Herramientas de Comunicación:** Amplía la discusión sobre técnicas de comunicación efectiva, como el "escucha activa" y la "asertividad", para mejorar la resolución de problemas.
- **Impacto de la Cultura:** Analiza cómo las diferencias culturales pueden afectar la forma en que las familias enfrentan y resuelven conflictos.
- **Intervención Profesional:** Habla sobre cuándo es apropiado buscar ayuda de un terapeuta familiar y cómo este profesional puede facilitar la resolución de conflictos.
- **Prevención de Crisis:** Ofrece consejos para prevenir la escalada de problemas familiares y fomentar un ambiente de apoyo y entendimiento mutuo.
- **Énfasis en la Empatía:** Resalta la importancia de la empatía en la resolución de conflictos y cómo practicarla puede fortalecer las relaciones familiares.
- **Enfrentando Cambios:** Aborda cómo las familias pueden abordar los cambios inevitables en la vida, como la muerte, el envejecimiento y la transición de los hijos, de una manera saludable y adaptativa.
- **Equilibrio entre Individualidad y Unidad Familiar:** Discute cómo encontrar un equilibrio entre las necesidades individuales y las necesidades de la unidad familiar puede contribuir a una resolución efectiva de conflictos.

- **Educación Emocional:** Explora cómo enseñar a los miembros de la familia a reconocer y expresar sus emociones de manera constructiva puede mejorar la comprensión y la comunicación.
- **Aprendizaje Continuo:** Destaca que la resolución de problemas familiares es un proceso continuo que requiere aprendizaje constante y adaptación a medida que la familia evoluciona.

Tarea: Análisis de Caso y Estrategias de Resolución de Problemas Familiares

Instrucciones:
Selecciona un caso ficticio o basado en la vida real que involucre un conflicto familiar.
- Investiga y analiza el caso en profundidad, aplicando los conceptos y estrategias de resolución de problemas familiares presentados en el contenido del tema.
- Luego, redacta un informe detallado que incluya el análisis del conflicto, la identificación de las posibles causas, y la propuesta de estrategias para resolver el conflicto de manera efectiva.
- Finalmente, reflexiona sobre la importancia de la comunicación y la empatía en la solución de problemas familiares.

Pasos a seguir:
- **Selección del Caso:** Escoge un caso de conflicto familiar. Puede ser ficticio o basado en situaciones reales (cambiando los nombres y detalles para mantener la privacidad).
- **Investigación:** Investiga más sobre el conflicto, considerando las posibles causas y antecedentes. Investiga también sobre los conceptos presentados en el contenido, como tipos de conflictos, estrategias de resolución, comunicación efectiva, etc.
- **Análisis del Caso:** Analiza en detalle el caso seleccionado. Identifica los miembros involucrados, las posibles causas del conflicto, los patrones de comunicación y cualquier otro factor relevante.
- **Estrategias de Resolución:** Basándote en los conceptos presentados en el contenido, propón estrategias específicas para resolver el conflicto. Considera la aplicación de las tres perspectivas mencionadas y cómo podrían ser relevantes en este caso.

- **Reflexión:** Escribe una reflexión personal sobre la importancia de la comunicación y la empatía en la resolución de problemas familiares. ¿Cómo crees que estas habilidades pueden influir en la dinámica y la armonía familiar?

Rúbrica de Evaluación:

Criterios	Sobresaliente (4)	Satisfactorio (3)	Básico (2)	Insuficiente (1)
Análisis del Caso	Ofrece un análisis profundo y completo del caso, identificando de manera precisa las causas y dinámicas del conflicto familiar.	Presenta un análisis detallado del caso, identificando las principales causas y dinámicas del conflicto familiar.	Ofrece un análisis básico del caso, identificando algunas causas del conflicto familiar.	Proporciona un análisis limitado o superficial del caso, sin identificar claramente las causas del conflicto.
Estrategias de Resolución	Proporciona estrategias exhaustivas y bien fundamentadas para la resolución del conflicto, aplicando los conceptos presentados en el contenido.	Presenta estrategias adecuadas para la resolución del conflicto, basadas en los conceptos presentados en el contenido.	Ofrece estrategias limitadas para la resolución del conflicto, con algunas imprecisiones o falta de fundamentación.	Proporciona estrategias poco relevantes o inadecuadas para la resolución del conflicto.
Reflexión Personal	Realiza una reflexión profunda y significativa sobre la importancia de la comunicación y la empatía en la resolución de problemas familiares, relacionándola con el caso analizado.	Realiza una reflexión adecuada sobre la importancia de la comunicación y la empatía en la resolución de problemas familiares, relacionándola con el caso analizado.	Realiza una reflexión básica sobre la importancia de la comunicación y la empatía en la resolución de problemas familiares, con algunas imprecisiones.	Proporciona una reflexión superficial o poco relevante sobre la importancia de la comunicación y la empatía.

Organiza-ción y Redacción	El informe está organizado de manera clara y coherente. La redacción es precisa, fluida y sin errores significativos.	El informe está bien organizado. La redacción es clara y fluida, con pocos errores menores.	El informe tiene algunas deficiencias en la organización. La redacción es comprensible, pero con algunos errores notables.	El informe está desorganizado y la redacción dificulta la comprensión.
Uso de Conceptos	Demuestra un entendimiento profundo y preciso de los conceptos de resolución de problemas familiares presentados en el contenido.	Demuestra un entendimiento adecuado de los conceptos de resolución de problemas familiares presentados en el contenido.	Demuestra un entendimiento limitado o superficial de los conceptos de resolución de problemas familiares presentados en el contenido.	No demuestra un entendimiento claro de los conceptos de resolución de problemas familiares.

Observaciones:

(Espacio para comentarios adicionales por parte del evaluador)

Ejemplo de Tarea y Análisis de Caso sobre Resolución de Problemas Familiares

Caso:

Laura y Martín son un matrimonio de mediana edad con dos hijos adolescentes. Últimamente, han estado experimentando tensiones y discusiones constantes en su relación. Laura siente que Martín no le presta suficiente atención y se ha vuelto distante. Martín, por otro lado, se siente abrumado por sus responsabilidades laborales y cree que Laura no comprende la presión que enfrenta. El conflicto se ha vuelto más intenso y ambos temen que su matrimonio esté en peligro.

Pasos a seguir:

- **Selección del Caso:** Caso de conflicto entre cónyuges debido a problemas de comunicación y falta de comprensión mutua.
- **Investigación:** Investigué sobre la importancia de la comunicación en las relaciones familiares y cómo los conflictos pueden surgir por malentendidos y falta de empatía.
- **Análisis del Caso:** Identifiqué que Laura y Martín están experimentando problemas de comunicación y falta de empatía. Ambos tienen diferentes perspectivas y preocupaciones, lo que ha llevado a tensiones en su relación.
- **Estrategias de Resolución:** Basándome en los conceptos presentados en el contenido, propuse las siguientes estrategias:
    - Laura y Martín deben dedicar tiempo para hablar y escucharse mutuamente sin interrupciones.
    - Practicar la empatía, tratando de comprender las preocupaciones y perspectivas del otro.
    - Usar "la perspectiva del otro" para ponerse en el lugar del cónyuge y entender mejor su punto de vista.
    - Buscar momentos para la comunicación efectiva, sin distracciones ni presiones externas.
- **Reflexión:** Reflexioné sobre cómo la comunicación abierta y la empatía pueden transformar la dinámica de una relación. Reconocí que en situaciones de conflicto, es esencial tratar de comprender y ser comprensivo con las preocupaciones del otro para encontrar soluciones satisfactorias.

Rúbrica de Evaluación:

Criterios	Sobresaliente (4)	Satisfactorio (3)	Básico (2)	Insuficiente (1)
Análisis del Caso	...	...	...	...
Estrategias de Resolución	...	...	...	...
Reflexión Personal	...	...	...	...
Organización y Redacción	...	...	...	...
Uso de Conceptos	...	...	...	...

Observaciones:

(Espacio para comentarios adicionales por parte del evaluador)

Cuestionarios que pueden servir como ayudas al consejero cristiano al intervenir a una familia en crisis.

Cuestionario 1: Evaluación de la Dinámica Familiar y Conflictos

1. ¿Cómo describiría la comunicación entre los miembros de su familia?
  a) Abierta y respetuosa.
  b) Ocasionalmente tensa pero en su mayoría efectiva.
  c) Escasa y conflictiva.

2. ¿Cuáles son los principales desafíos o conflictos que están experimentando como familia en este momento?

3. ¿Qué papel juega la fe y la espiritualidad en su familia? ¿Cómo han enfrentado desafíos a través de la perspectiva cristiana?

4. ¿En qué áreas sienten que están teniendo dificultades para aplicar principios bíblicos en su vida familiar?

5. ¿Han buscado consejo o apoyo pastoral en momentos de crisis anteriores? Si es así, ¿cómo les ha ayudado?

6. ¿Qué cambios o mejoras les gustaría ver en la dinámica familiar y en la relación entre los miembros?

7. ¿Han considerado la posibilidad de asesoramiento o terapia familiar? ¿Por qué sí o por qué no?

Referencia Bíblica de Apoyo:

"Por tanto, confiésense unos a otros sus pecados, y oren unos por otros, para que sean sanados. La oración eficaz del justo puede lograr mucho." - Santiago 5:16

Cuestionario 2: Reflexión sobre la Relación de Pareja

1. ¿Cómo describirían la relación entre ustedes como pareja en términos de comunicación, apoyo y respeto?

2. ¿Han enfrentado dificultades específicas en su matrimonio que deseen compartir?

3. ¿Cómo aplican principios bíblicos en su relación de pareja?

4. ¿Qué enfoque están tomando para manejar los conflictos y desafíos matrimoniales desde una perspectiva cristiana?

5. ¿Qué pasos han tomado para mantener o reavivar la intimidad emocional y espiritual en su matrimonio?

6. ¿Cuáles son sus expectativas mutuas en cuanto a roles y responsabilidades en el matrimonio?

7. ¿Cómo pueden incorporar la oración y el estudio de la Biblia en su relación de pareja para fortalecerla?

Referencia Bíblica de Apoyo:

"Por eso dejará el hombre a su padre y a su madre, y se unirá a su esposa, y los dos serán una sola carne." - Génesis 2:24

Estos cuestionarios son herramientas diseñadas para guiar al consejero cristiano en su intervención con familias en crisis, permitiéndoles explorar aspectos cruciales de la dinámica familiar y la relación de pareja desde una perspectiva bíblica.

Intervención con una Familia en Duelo por la Pérdida de un Ser Querido

Paso 1: Establecer un ambiente de confianza y empatía

- Reunión inicial con la familia para presentarse como consejero cristiano y expresar su disponibilidad para apoyarles en este momento difícil.
- Expresar comprensión y empatía hacia su dolor y pérdida.

Paso 2: Evaluación de la Dinámica Familiar y Necesidades

- Utilizar el cuestionario para evaluar la dinámica familiar y comprender cómo la pérdida ha afectado a cada miembro.
- Identificar las áreas de conflicto o tensión que puedan haber surgido como resultado del duelo.

Paso 3: Reflexión sobre la Pérdida y la Fe Cristiana

- Invitar a la familia a reflexionar sobre la relación de su ser querido con la fe cristiana y cómo la fe puede ser un apoyo en este momento.
- Leer y compartir pasajes bíblicos relacionados con el consuelo y la esperanza en Cristo.

Paso 4: Identificar Emociones y Necesidades Individuales

- Hablar con cada miembro de la familia por separado para permitirles expresar sus emociones y necesidades de manera individual.
- Escuchar atentamente y validar sus sentimientos de tristeza, ira, confusión, etc.

Paso 5: Planificación y Estrategias de Afrontamiento

- Ayudar a la familia a identificar estrategias de afrontamiento saludables, como la oración, el apoyo mutuo y la búsqueda de comunidad cristiana.
- Explorar cómo pueden aplicar principios bíblicos de consuelo y esperanza en su proceso de duelo.

Paso 6: Fortalecimiento de la Unidad Familiar

- Facilitar conversaciones familiares en las que se compartan recuerdos y anécdotas positivas del ser querido fallecido.

- Resaltar la importancia de mantener la unidad familiar y apoyarse mutuamente durante el proceso de duelo.

Paso 7: Planificación de Seguimiento y Recursos
- Establecer una fecha para futuras sesiones de seguimiento y apoyo.
- Proporcionar recursos bíblicos y literatura cristiana sobre el duelo para que la familia pueda continuar su proceso de sanación.

Referencia Bíblica de Apoyo:
"Bienaventurados los que lloran, porque ellos serán consolados." - Mateo 5:4

En esta intervención, el consejero cristiano ha seguido los pasos sugeridos para abordar el duelo por la pérdida de un ser querido.
- Ha creado un espacio seguro para que la familia exprese sus emociones, reflexionado sobre su fe y encontrado formas de afrontar el dolor desde una perspectiva bíblica.
- El enfoque en la unidad familiar y el apoyo mutuo también es fundamental para ayudarles a sanar juntos.

Made in the USA
Monee, IL
20 September 2023